古 都 穿 越 指 南

Published by arrangement with Thames & Hudson Ltd, London,
Ancient Egypt on 5 Deben A Day © 2010 Thames & Hudson Ltd, London
This edition first published in China in 2021 by SDX Joint Publishing Company, Beijing
Chinese edition © 2021 SDX Joint Publishing Company

古埃及穿越指南

[英] 唐纳德·P. 瑞安 著 著

张波 刘金亮 译

生活·讀書·新知 三联书店

图书在版编目（CIP）数据

古埃及穿越指南／（英）唐纳德·P. 瑞安著；张波，刘金亮译. —北京：
生活·读书·新知三联书店，2021.11
（古都穿越指南）
ISBN 978 - 7 - 108 - 07226 - 9

Ⅰ. ①古… Ⅱ. ①唐… ②张… ③刘… Ⅲ. ①埃及 - 古代史
Ⅳ. ① K411.2

中国版本图书馆 CIP 数据核字（2021）第 168305 号

责任编辑　李　佳
装帧设计　康　健
责任校对　张　睿
责任印制　徐　方
出版发行　**生活·讀書·新知** 三联书店
　　　　　（北京市东城区美术馆东街 22 号　100010）
网　　址　www.sdxjpc.com
图　　字　01-2019-5177
经　　销　新华书店
印　　刷　三河市天润建兴印务有限公司
版　　次　2021 年 11 月北京第 1 版
　　　　　2021 年 11 月北京第 1 次印刷
开　　本　880 毫米 × 1230 毫米　1/32　印张 5.5
字　　数　117 千字　图 78 幅
印　　数　0,001 - 4,000 册
定　　价　59.00 元

（印装查询：01064002715；邮购查询：01084010542）

前前页：
图1 尽管他已经上了年纪，但数百座巨大的雕像表现的还是年轻强壮、富有活力的拉美西斯二世
前页：
图2 尼罗河上的船大小不一，向北的话可借助河流，南向则需要挂帆，可省划桨之力

本页：
图3 在埃及，牛就代表了财产。私人、皇家及宗教的财产里都有大量的牛。此处是一个工头清点他主人的财富
下页上图：
图4 埃及人知道如何举行宴会，有天赋的音乐家常常会出现在宴会上。如果你幸运的话，有人会给你送一朵莲花。
下页下图：
图5 面包和啤酒是埃及的主要食品。在墓里放一个制面包的小模子能确保墓主人永远有足够的供给

下页：

图 6　埃及人对死后生活的期望是什么？和现实生活差不多，只是没有痛苦。在这幅描述一个贵族的墓中画中，逝者几乎滴汗未出地耕耘着田地，他的妻子，穿着昂贵的亚麻裙子，正播撒种子

图 7　在埃及权力范围下的居民（包括努比亚的进贡使者）需要向统治者表达敬意

图 8　女神伊西斯和她死去的丈夫奥西里斯为他们的鹰头儿子荷鲁斯深感自豪。而法老正是神子荷鲁斯在人间的化身

图 9 底比斯的卡纳克神庙有着宏伟的塔架、方尖碑和庭院，向阿蒙拉神致敬

图 10　埃及繁荣的根源是数百万辛勤工作的农民，他们在尼罗河滋养的田地上默默耕耘、种植和收获

下页：
图 11　拉美西斯二世最伟大的建筑之一，远离大多数埃及人（可能也是大多数游客）的视线。这座雄伟的神庙，在努比亚的深处（Meha），供奉着自己和诸神

R.W. Nicholson

图 12　如果她没有被历史抹去，哈特谢普苏特的纪念神庙将由一队忠诚的祭司守护。尽管这座神庙已被毁弃，它仍然是一项独特的建筑成就

前往埃及的旅行者，无论走到埃及的哪个地方，都可以看到彰显埃及财富和国力的伟大遗迹，例如卡纳克神庙的宏伟塔架

目 录

CONTENTS

一 整装待发

了解埃及人·最佳旅行时间·财务准备·交通筹
备·随身必带物品·住宿与其他事宜

你想去埃及游览吗？你可能听说过这些传闻：这里的文化令人困惑，这儿的语言让人费解，当地人对外国人有疑虑，没有充足的旅游设施，而有一个好斗的、以自我为中心的法老统治着这片土地。所有这些都是真的。埃及人视自己为宇宙的中心，认为他们的统治者是地球上的活生生的神。

另外，你可能听说过这么一个富饶青翠之地的传奇故事，这里在艺术和工程方面取得了无与伦比的成就，这里有为诸神与神圣统治者而建的纪念丰碑。这些也是真实的。埃及是名副其实的大粮仓，尼罗河如此辽阔，河水源源不断，哺育着一望无际的绿色田野，为埃及人民提供了充足食物，为丰富多彩的鱼类和鸟类提供了宽广栖息地。此时（公元前 1250 年）埃及独特的文明已经存在了至少两千年，为其文化的发展提供了充足的时间长度。埃及那令人难以置信的寺庙和陵墓纪念碑，即使是最疲倦的旅行者也会感到惊奇。在美索不达米亚、克里特岛和迈锡尼，没有什么能与其纯粹、壮丽相媲美。事实上，大多数埃及人——至少是那些工作还过得去的人——是如此热爱生活，以至于他们希望在来世继续这样的生活，例如，通过在死后保存尸体。

1

埃及古迹确实非常壮观，引人入胜。埃及的众多奇观值得大胆冒险的时间旅行者——体验。现在，进入拉美西斯二世（Ramesses Ⅱ）的统治时期，此时埃及繁荣昌盛，活力四射，雄心勃勃，而且比以往任何时候都更好客（诚然，这并没有说明什么！），这是游览的大好时机。

了解埃及人

对于一个外国游客来说，埃及人对待外来者的态度可能看起来有点冷淡，但不是那种彻头彻尾的排外仇外情绪，而你的一点点体谅将对他们改变态度大有裨益。埃及人认为自己是众神庇佑的主要受益者，众神为他们提供了一片壮丽富饶的土地，他们称之为"Kemet"，字面意思是黑色的土地，意指尼罗河每年泛滥所形成的黑色冲积土，这为他们的文明发展提供了丰富的农业基础。埃及的另一个名字是"Ta-mery"，即心爱的土地。埃及人确实热爱自己的土地，深情地将自己与土地紧密相连，密不可分。做一个埃及人就是要努力与大地和宇宙的力量和谐相处。那些不是埃及人的外来人，比如你，在历史上被视为潜在的混乱化身，可能会破坏稳定的宇宙秩序并引发灾难。所以，如果你在边境被审问了几个小时，警卫不会直视你的眼睛，不要以为是个别针对你，他只是在履行公民职责，保护埃及免受火灾、冰雹和蝗虫的侵袭。

鉴于埃及最近几世纪遭受军事入侵重创，这种对外国人的不信任感也是可以理解的。多少个世纪以来，埃及人受上天眷顾，一直过着相当安逸享乐的生活，埃及西边和东边是广袤而令人生畏的沙漠，南边是尼罗河的湍湍急流，北边是无边无际的地中海，这些天然屏障都保护他们免受任何严重的外部威胁攻击。然而，就在几百年前，一群来自东方的希克索斯人（Hyksos）成功夺取了这块土地的控制权，埃及历史上第一次出现了部分由外国

广为流传的故事

在埃及流传着这样的故事
有一位埃及大臣
名叫辛努亥的他，在恐惧中逃离
离开他挚爱的故土
他曾辅佐法老，在法老逝世后决意离去
他在异域建功立业
他的成就辉煌无比
虽然他显赫非凡，但他仍日思夜想
魂牵梦萦，思念埃及故乡黑土地，一直渴望着
渴望回归故土，老有所依，落叶归根
幸好他收获了大团圆结局
辛努亥成功回到了家乡
埃及家乡人热烈欢迎了他的回归
他也回归到民众当中，回归追寻到本土文化的根

人统治的局面。当然，这对埃及人来说是绝对不能容忍的。历经数百年的屈辱，他们终于赶走了入侵者。不久之后，埃及人开启了一系列雄心勃勃的帝国扩张征战，尤其是向东扩张，甚至利用了从希克索斯人那里引进的新技术，如战车和弯刀，为他们自己征战服务。由于最近的这些征服战争，生活在东地中海土地上的民众们可能都已经遭遇了埃及军队。在最近的几百年中，骁勇善战的法老们率领他们的埃及军队一路向东征战迦南东部和更远的地方，攻占沿途的城邦，要求其对埃及进贡，并在当地驻军，

3

有些人是被强迫进入埃及的，比如这些被束缚的外国俘虏

建立了武装要塞，来维持统治秩序。埃及因帝国强势征战扩张所得，变得繁荣富庶，当你参观拉美西斯二世宏伟奢华的纪念碑、纪念庙堂、王宫宫殿和公共建筑工程时，这些新发现的历史古迹，即是无以计数的辉煌财富的明证。作为一个非埃及人，你得接受将被视为局外人的事实。但这并不意味着你孤立无助，尽管在拉美西斯二世时代，埃及人对异域人有着传统性的不信任感，但实际上埃及容纳了大量来自异域的外乡人，既有来自

努比亚和其他地域的雇佣军，也有来自各地的战俘，他们通常受雇于各种政府和宗教机构，但通常是处于奴役地位的。来自遥远国度的商人和使

者来来往往，熙熙攘攘，其中有的在做生意，有的携带着重要信息需要传送，或向埃及统治者进贡献礼和致敬朝拜。你会发现到处都是异域人合住的聚居区，包括埃及境外饥荒逃难来的难民。一些埃及统治者甚至娶了异域妻子或在自己宫殿里招待异域人，这些特别的异域人作为人质或是为了维护和平，或者是为了加强外交联盟。（拉美西斯二世自己就拥有两名赫梯夫人和几名叙利亚仆役长。）

若考虑到这一切，一个外国人确实有可能成功游历埃及，然而作为一个异域人，你吸引的关注越少，你的游览体验可能就越好。竭尽所能去适应埃及社会的秩序和民俗，同时对你可能遇到的奇风异俗表示尊重。虽然你不能指望在任何地方都受到张开双臂式的热情欢迎，但你作为一名客人，对当地文化入乡随俗，可能会给你的埃及主人留下良好的深刻印象。

利比亚人、努比亚人或亚洲人：埃及人怎样分类识别你呢？

最佳旅行时间

选择最佳旅行时间游览埃及是至关重要的。埃及人自己将一年分为三个季节，每个季节由四个月组成，每个季节都与他们每年的农业生产计划联系紧密：Akhet（洪水泛滥季，大约7月中旬—11月中旬）是尼罗河每年洪水泛滥的时候。Peret（生长季，11月中旬—次年3月中旬）是农作物生长的季节。Shemu（收获季，3月中旬—7月中旬）是收获的季节。总体来说，去埃及旅游的最佳时间是从生长季到收获季的早期（若你是计划乘船而来，还有其他因素要考虑进去，请参见第11页）。尼罗河洪水泛滥程度每年都在变化，这限制了人们在洪水泛滥季期间的一些出行方式。在收获季早期与后期，天气可能会有点热。因此，生长季可能是在埃及境内旅行的最优时间选择。气候相当宜人，田野郁郁葱葱，令人心旷神怡。

当然，作为一个游览埃及的外国人，不要期望在边境受到特别热情的欢迎

财务准备

去埃及旅游还需考虑的重要因素是支付货物和服务的费用。埃及人实行的是一种易货经济。各种物品的价值是根据与标准单位的比较而定的，最常见的是所谓的"Deben"（德本），实际上相当于91克铜。例如，一德本相当于一袋二粒小麦。由于埃及本身是一个农业密集型的国度，因此，有必要规定粮食和啤酒——这个国家的主食——的数量标准，以此规范支付给工人的标准报酬，这或许是非常有效的衡量办法。这儿的工人的平均日工资包括十个面包和两罐啤酒。这些商品可以用来交换其他食物、衣服或工具，而这些东西又可以用来交换其他所需之物。要使易货系统能够好好地为你服务，你需要精通各种物品的价值和成本，并且在旅途中尽可能抓住任何机会来练习讨价还价技巧。掌握灵活性是至关重要的，因为价格可能因地而异，处处有变化，但是你要当心少数不诚实的交易者，他们可能试图利用你这异域人不了解当地行情而欺诈你。关于商业交易必须诚信公平，古埃及有诸多展现智慧的至理名言来教诲商人，因此，如果你发觉有商人将拇指压在磅秤上以在重量上进行欺诈，或者

旅途中

在游览埃及旅途中，你会惊讶地发现许多蜂窝状的锥形建筑，星罗棋布点缀着沿途美景，美不胜收。埃及这些密密麻麻的粮仓储存着丰富的粮食。它们由不同大小的泥砖建造，可随时准备用于支付工匠报酬，或随时作为饥荒时的粮食储备。

不可私自挪动秤砣或不可偷偷改变砝码，

亦不可私下减少测量的刻度数……

谨防坑蒙拐骗之诡计，

防范篡改读数之用心。

在交易中发现你应获得的大麦被偷换成一袋石头，你可引用圣人阿曼尼摩比之训诲中的节选箴言来劝诫这种无良商人：

当然，这是一种美好理想，而这种警觉智慧只能来源于亲身体验的陋习流弊，但不要因此而失去与当地人进行易货交易的信心。

作为一名到埃及的外国游客，你不会收到每日定量供应的面包与啤酒——这些可以当作钱来使用。因此，你最好带着大量的金银进入这片土地，这些金银可以更容易转换成流动性更强的商品。尽管一德本的铜是标准的交换单位，其他贵金属如银和金亦是如此。特别是银，它的价值比铜高 60 倍。与笨重的大宗商品相比，对旅行者而言，银的高价值兑换权重使其理所当然成为更实用的选择。

交易商品价格

这里展示几个典型例子

关于当前常用商品价格：

一袋或一篮子大麦 1—2 德本

一头驴 25—40 德本

根据商品质量而定

一头奶牛 50 德本

一只鸭 1/2 德本

大型容器装的啤酒（25 升）1—2 德本

一罐葡萄酒 2 德本

一罐芝麻油 1 德本

一捆蔬菜 1/2 德本

一条束腰 4—5 德本

一条裙子 15 德本

作为外国游客，携带这些金银，必须谨慎（例如，戴在手臂和脚踝上的金银镯子，最好藏在自己衣服里），小心翼翼低调前行，尽量不要发出太大的炫耀般的金属碰撞叮当响声。

> **钱 币**
>
> 硬币形式的货币直到拉美西斯二世统治结束后500年才出现。这些早期的硬币是由金银合金铸造而成，并在安纳托利亚（今土耳其）的吕底亚王国铸造。在亚历山大大帝东征之后，希腊人从而征服控制了埃及，这种硬币铸造方式在埃及逐渐盛行，传播推广开来。

交通筹备

若要去埃及，你有两种基本的旅行途径选择，通过陆路或海上，各有利弊。如果你要从地中海沿岸的任意处开启旅程，那么乘船航行前往埃及还是相当轻松的，因为外国船只会定期向埃及这片黑土地（凯麦特，Kemet）运送各种赏心悦目的物品。埃及船只在地中海地区航行非常活跃，但在地中海北部地区，诸如黎凡特海岸的比布鲁斯等地相当少见。虽然埃及人在他们自己内河——尼罗河上能够娴熟地驾船扬帆远航，轻松畅游，但他们在外海大洋中并未展现出伟大的航海家本色，反而突显出他们喜欢近海海岸。尽管有这种障碍不足，埃及的船只仍然能够在地中海远洋航行。埃及人的航海有时会沿着红海海岸一路航行至被称为"非洲之角"的蓬特，带回异域风味的珍奇宝物，诸如异域活树、野生动物等。

拉美西斯二世统治下的埃及犹如一个蓬勃发展的商业帝国。在热闹非凡的众多港口中，你会看到工人忙碌着卸下葡萄酒、木材和其他异域风情的商品

乘船一路去埃及肯定比走陆路（或骑驴）快得多——前提是所乘之船未遭遇海盗劫掠，或是不会路过诸多港口走走停停做生意。季节性也是旅行重要考量因素之一，因为从 5 月底到 9 月中旬，是适宜地中海航行的最佳时间段。久经风浪而经验丰富的水手可能会在春夏与夏秋交替之际尝试冒险出海航行，但在严寒冬天里应该不惜一切代价避免出航，不可预测的巨大风暴会让普通商船葬身汪洋大海。无论如何，如果你选择去埃及走海上航运路线，你的首要任务就是选一个合适的出发港来登船。试试一些最繁忙的港口，诸如比布鲁斯、西顿和提尔，这些可以在腓尼基沿海地区寻觅到。再往南，你可以在迦南海岸碰碰运气，多珥、阿什杜德和阿什克隆相对靠近埃及。若从地中海北部或东北部出发，就会发现那儿港口比比皆是，然而在波诡云谲的爱琴海地区

政治冲突混战中，那些港口也可能会遭受重创。

　　毕竟到埃及旅行是一段不同寻常的航程，而非常规旅游路线，你必须想方设法让船长或船主信任你，愿意带你上船，使他们认为值得为你这么干。你若要成功登船，极有可能需要用自己物品或劳动来交易，或者需要买通船上要员实现利益交换。无论你如何讨价还价，都要未雨绸缪，准备好自己的食物和床铺，将就睡在甲板上，或者可能甚至只得屈身于货舱狭窄空间中，煎熬忍耐度过漫漫长夜。在某些特别情况下，你也许会被要求协助做做航船杂务。你若擅长划船，自然要被加以利用，为航行服务。然而，你最好事先打听打听你所乘之船的信誉名声，以防范日日夜夜干苦役划船，像一个奴隶那样受奴役。

　　若一切顺利，而且你成功地避开了海难或奴役，那么就可

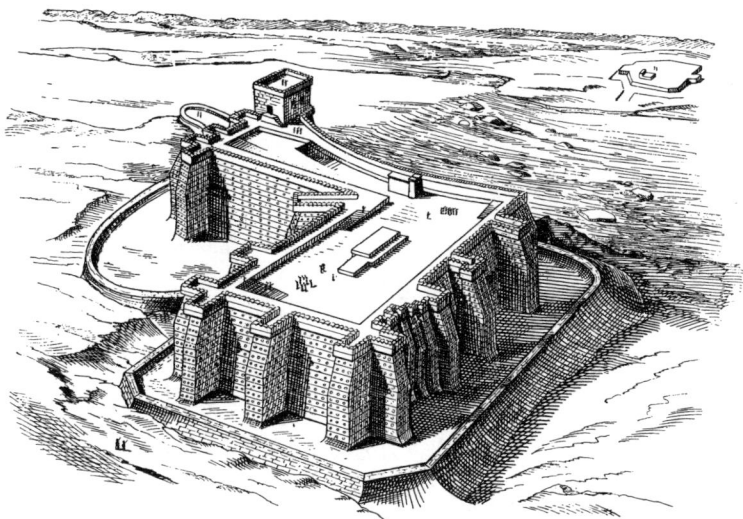

边境地区的军事堡垒保护着埃及旅人，同时威慑着邻国

埃及传说故事

这是一个广为流传的埃及传说故事，有这样一位在异乡旅居的农民，他的私人财产被残暴的地主掠夺没收。于是这个农民将此案告到官府，这个不幸的农民能言善辩，口若悬河，反复向各级官府告发恶行，申诉自己的悲惨遭遇。此农民的雄辩口才极具感染力，让法老印象深刻，大有触动，于是法老下令伸张正义，将残暴地主所掠的大量财产判还给了口才奇佳的农民。

从地中海海岸靠近埃及了。然后，船长驾船向南穿过尼罗河的几条支流之一，这些支流横跨尼罗河三角洲地区，埃及人称该地区为下埃及。在尼罗河上的首个重要港口，船长、船员和随行货物可能会被检查。（如有疑问，请参阅以下关于从陆路进入埃及的说明。）一旦到了埃及，你可以继续坐原船南下航行，或者你得在埃及内河来来往往的众多航船中寻寻觅觅，竭尽所能搭上有缘顺风船，开启幸运免费之旅，抑或手头宽裕，可觅得中意之船，直接付费航行。

然而，若你决定从陆路入埃及，最便捷又最繁忙的路线就是沿海岸向南穿过迦南，最终到达加沙，此地具有拱卫埃及政权中心之功能。从这里出发，经过一条约240公里的常用小道，可至埃及的东部边境。埃及人把这条小道称为"荷鲁斯之路"，这是一个带有不祥之兆的奇异名字。这条路被认为是荷鲁斯神的显灵化身，法老们在兴兵征伐向东扩张疆域时反复借道于此。

如果你愿意，当然可以怪罪那些讨厌的希克索斯人，但事实是，埃及人自己已将防线拓展到远离首都的区域，从而积极保卫自己的家园。荷鲁斯之路分布着军事前哨和堡垒，每16—19公

里，就有这样一处军事设施，对于军团行军而言，如此部署一天
计划行程相当合理。虽然埃及军队长期驻扎可能会让人望而生
畏，但作为游客心里明白清楚，驻军确实有助于维护当地和平稳
定，最终让旅行更有些安全保障。

你可计划用十天到两周在荷鲁斯之路上长途跋涉，所需时间
长短取决于你徒步旅行的速度。在军事前哨处有水井或水库，这
些水利设施为守卫部队提供了充足的水资源。此道的西端连接着
埃及的东部边境，那里伫立着闻名遐迩的军事要塞扎鲁（Tjaru），
令人印象深刻。你需要先穿过那儿的第一扇大门，然后穿越横跨
运河的大桥，运河里鳄鱼肆虐。在运河大桥上穿行时，千万不要
注视鳄鱼。再通过另一扇门，开始接受问询核查。

请不要被边防卫兵吓坏了，埃及卫兵只是想确保一开始就要
知道谁负责此次埃及之行。鉴于你可能会被要求"陈述你个人概
况"，以下是一些实用的建议，可供参考：

埃及的边防卫兵会想知道你埃及之旅的目的。仅仅回答说
"我想四处看看"是相当不够的。需要开展正当的商业或外交事
务都是首选的合适答案，如果你能让他们相信你在埃及有亲戚需
要拜访，或在埃及有密切的人脉联系（密切联系人地位越高越
好），那么卫兵放行通过的概率会大大提升。

表现得没有攻击性。你若带着武器旅行，那就只能把武器扔
掉，尤其是当你组团旅行时，必须如此行事。正常服从卫兵命令
而接受检查（当然也无须那么卑微顺从），将有助于得到理想的
结果：放行通关。

让你旅行团队中最为能说会道之人与埃及人亲切交谈。埃及

人钦佩欣赏精妙绝伦的演说口才，可以赞美埃及风光旖旎、钟灵毓秀，歌颂埃及文化博大精深、源远流长，赞颂拉美西斯二世的雄才大略、英明神武、仁慈爱民，这些美言将对埃及之行大有裨益。其他前往埃及的旅行路线风险更大，就不作推荐啦。

从红海到尼罗河谷的海上路线有很多，但船只不是特别频繁，而且有危险的浅滩和暗礁要对付，然后向西走陆路艰难跋涉，要花费好多天时间才能到达尼罗河河谷。还有一条陆上线路，一些游牧部落常从西奈半岛进入埃及。除非你是一位经验丰富的沙漠旅行者，或者更妙的是，你是上述游牧部落的一员，否则同样不推荐此路线。从南部通过努比亚进入埃及，也是可行的，但此旅程绝非轻松坦途，你将不得不面对埃及南部边境上密布的边防堡垒关卡的重重考验。进入埃及，最好还是选择搭乘地中海航船旅行，或者从迦南出发通过荷鲁斯之路。

随身必带物品

手工艺品——易货交易中，从你家乡带来的特产或手工艺品，会卖出好价钱，广受欢迎，因为埃及人非常喜欢异域商品。小饰品也可以用来感谢回馈款待或偶尔用来答谢帮助过你的人。

驮运牲畜——如果你考虑陆路旅行，你可能需要买一两头健壮的驴子来驮你的物品。运气足够好的话，驴贩会帮你找到一头适合驮运的温顺又健壮的驴子，毕竟一头年老体弱的驴子可能无法在旅途中存活下来。如果这头驴不停地咬人、打转、打滚或发出呜呜嘶鸣声，你的旅途生活将陷入一团糟。在紧急情况下，驴子也可以作为商品进行交易，或者等你进入或离开埃及后，不再需要驮驴时可以再出售。

凉鞋——如果步行开展旅程，你可能需要带上好几双凉鞋。因此，如果你想穿你最喜欢的品牌款式，那就多带几双吧。其实，在埃及很容易买到鞋，包括用纸莎草植物制成的轻便的鞋子。

拐杖——结实的拐杖是一种非常有用的旅行工具。拐杖也可以用来鞭策不听话的驴子，驱赶意图接近的捣蛋顽童与烈犬，或者临时作为武器对付旅途上的劫匪。额外的好处是，手拿拐杖，可能被视为手持权杖。权杖在埃及是权威的象征，那种手持权杖（实际是拐杖）的模样给埃及人以异域贵宾的印象。

衣物准备——你得需要多带几套换洗的衣服，除非你想假装以穷困潦倒的难民身份混入埃及。通常来说，埃及人是不会接纳一个衣着邋遢、气味难闻的外国客人的。（若要提升对埃及制衣标准的理解，请参阅第二章说明。）如果你在冬天从陆路或海上来埃及，穿羊毛衣服可以让你更温暖更舒服些，免受漫漫旅途中的严寒和潮湿之苦。到达埃及之后，你可以自行购买更轻便舒适

一头健壮的驴可以驮走你所有的物品，甚至有更多用处

的衣服来穿。

毛毯准备——在前往埃及途中，可不能保证有旅店房间可住哦。无论你在哪儿睡觉，用上毛毯总会感到温暖，毛毯也可以作为临时披肩。如果这些毛毯不是太破旧的话，它们也可成为理想的易货交易品，尤其是毛毯带有精美装饰时。

住宿与其他事宜

尽管拉美西斯二世统治时期越来越多的异域人士来到埃及，但在埃及，能住宿的酒店客栈相当匮乏，现成的几乎不存在。大多数异域旅行者都是因公出差来埃及（包括那些当了战俘而只能被拖在军队后面行进的人），都已经有归宿可去了。因此，到了埃及，就不要指望城市的每个角落会有设施齐全的舒适酒店客栈准备就绪，欢迎你享用。若从陆路来，实在没有住宿的地方，那就准备沿途露营吧。在路边的篝火旁搭一顶帐篷或铺几条毯子，这样做可能比较合适。（把刚才提到的拐杖放在手边！）偶尔，埃及军队驻防区的居民有可能被说服来给你提供些帮助，当然得送份小礼物作为回报！ 而在埃及，除非你交到了高层的权贵朋友，通过他们可能会得到外交级别或其他官方级别的住宿帮助，否则你在埃及将面对前面所述的遭遇，不知到何处过夜。若你遇到愿意合作的友善当地人，不妨问问他们的推荐建议，如何在你旅行的下一个目的地住下。如果以上办法都行不通，可以试试送一些有价值的礼物物品给面善的村民，也许能让村民提供些可凑合住的地方来过夜，还可能将就吃些他们提供的餐食来填填肚子。

二 行前须知

饮食·着装·环境卫生·医疗急救·规则概况·
埃及宗教·神殿与神仆

　　作为一个去埃及旅行的人，关于基本生活必需品事宜，你无疑会有许多的问题要问：我能吃什么？着装要求是什么？我怎样才能避免生病？遇到健康紧急状况该怎么办？我怎样才能避免麻烦？对埃及宗教习俗的一些见解认识也将被证明是无价之宝。本章将讨论这些话题，为你更好地体验埃及旅游做好准备。

饮 食

　　你在埃及挨饿的可能性微乎其微，除非超级不走运，你正好赶上了一年的农作物瘟疫流行或尼罗河下游的洪水泛滥。即使是这片土地上最贫穷的居民似乎也能吃饱饭。埃及文化提倡慷慨与分享粮食、尼罗河的自然资源，以及先进的灌溉和农业技术，以上这些使埃及成为一个富足粮仓。

　　埃及的重要主食是面包和啤酒，由二粒小麦和大麦这两种主要谷物制成。埃及面包有几十种。其中最简单的，是由面粉、水和一点盐制成。其他种类的面包是甜味的，甜得令人愉悦，以蜂蜜和枣调味。你也许会注意到，面包有很多不同的形状。圆形的扁平面包是最常见的品种，但其他的都是三角形的或者甚至是圆

埃及面包

埃及面包很美味，但会对你的牙齿造成磨损。你可能会注意到当地人的牙齿，尤其是年纪较大的人的牙齿，通常会出现磨损甚至碎裂。这是因为谷物脱粒、扬谷风选和碾磨的过程中可能会残留下沙砾、沙子，偶尔甚至是小碎石屑，从而混入面粉里，最后会进入面包里，并逐渐磨损牙齿。

锥形状。面包的发面饼可以在烤箱里烤，也可以在置于火上的石头上烤。

另一种烘烤方法是使用管状陶瓷烤炉。做面包用的生面团被拍贴在炉壁上，烤熟后剥离。若需要制作一些更有趣的面包形状，如圆锥状，可以用陶器模具装面团，从而可以在烤箱中定型烹饪。无论如何，你值得享用埃及面包。埃及面包是自然健康、赏心悦目的，新鲜出炉，热气腾腾，真正的美味享受，一定让你大快朵颐。

啤酒是这片土地上最受欢迎的饮料，啤酒生产与面包生产密切相关。将半烤的大麦面包屑加入淡水中，在罐中发酵。当达到所需的酒精含量时，将啤酒过滤并转移到啤酒罐，随时可以饮用。因为工人薪水常以啤酒支付，所以啤酒不能太烈，以免影响工作效率。甚至学龄期男孩也可以在午餐时喝啤酒。对于那些远离尼罗河河岸的人来说，啤酒可能是比乡村运河水更美味、更富含碳水化合物、更健康的选择。游客也应该把啤酒作为他们喜欢的首选饮料——如果运气好的话，啤酒中的酒精含量将有助于杀死一些当地饮用水中的有害生物。这并非难事。

埃及啤酒美味可口，口味多样，通常还会加入蜂蜜或其他甜味剂。至于其他酒精饮品，葡萄酒可是只在特殊场合才提供的一种奢侈品。埃及当地最好的葡萄酒往往产自法尤姆和三角洲地区以及西部沙漠的绿洲，从迦南等国外进口的葡萄酒也很受欢迎。葡萄是在精心浇灌和照料的葡萄园里培育的，经过人工精细处理。果汁被储存在罐子里自然发酵。这些罐子是密封的，通常盖上印记或标记来表明原产地。除了葡萄以外，其他水果——包括无花果、枣子和石榴——也可以用来酿造甜甜的、美味的水果酒，适合各种庆典用途。

蔬菜在埃及黑土地上生长茂盛，是埃及人饮食的重要组成部分。洋葱和大蒜供应充足，黄瓜和生菜也是如此。鹰嘴豆、蚕豆、扁豆和各种各样的豌豆也多有种植。粥和蔬菜、肉、鱼、家禽一起炖煮，很受欢迎，香菜和小茴香等调味料也使食谱更丰富多彩，生机勃勃。

典型的埃及劳动者午餐包括一些生洋葱、黄瓜和面包，还有一罐啤酒可以开怀畅饮。这将会是你自己在埃及经常吃的午餐，

当地生产的埃及葡萄酒虽然价格昂贵，但在那些特殊重要场合做饮品时广受赞誉

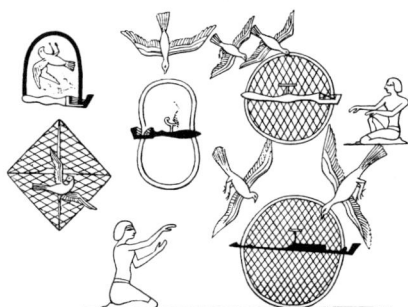

用网捕鸟禽虽是一项艰苦的工作,但能享受到这终极美味

因为你旅行中会穿越埃及这片黑土地。

尽管你可能会看到好多头牛聚集在尘土飞扬的道路边或在田野里吃草这样的放牧场景,但这些动物大多是用来挤奶或耕种用的。牛肉很贵的,普通人很难吃得上。牛肉主要是富贵人家餐桌上的食物。如果主人用烤牛肉来招待你这样的客人,你应该感到非常荣幸。普通人能吃得起的肉来自埃及人所说的"小牛肉":绵羊肉、山羊肉,有时还有猪肉。鸟禽类——包括鸭子和鹅,也容易获得,成为普通劳动者的食用选择,并可以各种方式烹饪:烘烤、烧烤或制成炖肉。鸟禽可被捕猎网和陷阱所困,有时也会被投掷的棍棒或射出的箭制服。在尼罗河岸边,你可以看到渔民们划着由一捆捆自然漂浮的纸莎草秆做成的小船,运用铲子、可投掷式围网、捕鱼钩饵及带钩鱼线捕鱼。没有什么能比将刚捕到的尼罗河鲈鱼在火灰中烘烤烹饪更美妙的事儿了!其余的捕获

来世

埃及人在来世想要什么?普遍相同的是他们生活中喜欢的东西,包括他们最爱吃的主食。象征性的祭品是面包和啤酒,数量非常多,多达上千的啤酒壶和面包就出现在一个单墓彩绘画中。牛与禽也是广受欢迎的祭品食物,用于献给逝去的亡灵。

物可以通过晒干或腌制保存。

若埃及人吃得好，你作为游客也应该会吃得好。如果你足够幸运，被邀请参加一个庆典宴会——特别是埃及社会精英举办的高端宴会，便能享用丰盛可口的美食。一如既往，将有大量的面包和啤酒出现在宴会上。

着　装

作为一名异域人士到埃及旅行，你得要好好想想，决定是否要遵从当地习俗来着装。如果你选择继续穿着自己往常的衣服来表明你外来者的身份，你得确保穿着干净体面，因为埃及人通常认为外国人穿着邋遢蓬乱，尽管他们也许会对你穿着的异域风情的衣服着迷。

从另一方面考虑，建议你最好是入乡随俗，打扮成埃及人的样子，最好是穿成达官贵人的模样。与其他地方一样，着装反映了一个人的"社会地位"。从一个极端设想，若是体力劳动者，穿裹着肮脏的腰布；另一极端，皇室成员和高级官员则穿着打着褶儿、闪闪发光的白色服装，一尘不染，没有被体力劳动弄脏。显而易见的，这才是最适合模仿着装的群体。

有社会地位的男士通常穿着束腰的裙子或亚麻短裙，有时还会通过肩膀系上特色围裙或饰带。短裙可以搭配束腰上衣。束腰外衣系在腰间，也可以作为一种时髦的服装。对于女士来说，管状紧身裙已经流行了好几个世纪。这种裙子通常是合身的，由肩带支撑，无论有没有裸露胸部，这样的裙子着装总相宜，不会造成什么困扰。

管状紧身裙一直以来都很受时尚女性的欢迎

在派对上表演的可爱跳舞女郎可能会穿渔网裙，或者仅仅是一条挂着几个珠子流苏的腰带。男人和女人都喜欢穿披肩和斗篷来赶时髦，增添舞蹈激情。用纸莎草条或皮革制成的凉鞋随处可见，但许多工人更喜欢赤脚行走。埃及的小孩子们通常是赤身裸体地到处跑，蹦蹦跳跳玩耍；就连他们的头发也几乎被剃光了，只剩下一小绺头发代表着青春气息。

埃及人无论男女都非常注重头发和妆容。例如，男性的发

当时穿着最讲究的官员们都在穿的款式

22

型，从工人们那种剪得很短的舒适发型，到上流社会人士精心制作的长假发，应有尽有。他们借助抛光过的青铜镜给眼部化妆，画眼妆时，他们使用一种由深灰色粉末状颜料制成的眼影

着装衣服价格

服装的价格取决于亚麻质量或其他材料的质量。若想购买下列着装衣服，你可通过预估价支付：一件束腰外衣要3—5德本，一件裙子要10—50德本。缠腰布价格5—16德本，一条披肩或斗篷要价20—50德本。相比之下，凉鞋是相当便宜和普通的，每双大约2德本。

粉（mesdemet），各行各业的男女都可以使用。你自己也不妨试一试。埃及人认为眼影粉可以保护眼睛免受强烈阳光的伤害和眼疾侵袭，这在埃及并不稀奇。

富人们精心设计的发型，请不要上当：大多数是假发

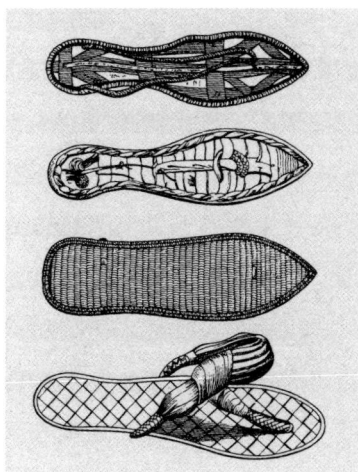

一些做工精细的埃及鞋

黄　金

和地中海沿岸的大多数文化中的价值观一样，黄金在埃及人眼中相当值钱，因其美妙的闪闪发光的全色和惊人的价值而被珍视。埃及人把这种金属诗意地称为"诸神之肉"。埃及人的黄金是从努比亚东部沙漠中粗糙的采石场中发掘开采提取出来的，或是作为贡品征收上来的，或是缴获的异域战利品。银更为稀有，被称作"诸神之骨"。大部分银子是从西亚进口的。至于其他珍贵的材料，如蓝石、天青石，则是从诸如阿富汗的遥远国度采购，通过国际贸易获得。

珠宝首饰在埃及广受欢迎，埃及的许多专业工匠已经掌握了其生产工艺的各个环节。彩珠和彩饰（釉面陶瓷）可由多种颜色调配制成，价格实惠可买得起。关于豪华高端版的珠宝，需精巧创作，可用瑰丽的宝石如玛瑙和绿松石来装饰金银器物。戒指和串珠领也非常时髦，脚镯和手镯亦是如此。也许你有机会见证技艺更高超的珠宝工匠炫技，甚至可能是法老自己的御用金匠亲自上阵，一定不能错过见证这些珍奇技能的机会。这些尖端的工艺技巧，以后数千年也许都无法超越呢。

环境卫生

埃及人特别爱干净。埃及普通劳动者每天至少在河里洗一次澡，或者用一罐水洗澡。这样的清洁方式自有目的用途。有许多苍蝇和其他携带疾病的害虫，以乡村人家外的垃圾为食。跳蚤和虱子则是日常烦恼。定期清洗身体和衣物有助于预防疾病，尽管寄生虫和其他令人讨厌的东西实际上也存在于尼罗河和其他洗涤用水中。众多埃及人出于卫生原因剃除身体某些部分的毛发，对一些祭司来说，这是一种净化仪式。面部的毛发具有非同寻常的意义，尽管法老只是戴着象征王权的假胡子。

在河流里或运河中洗澡时一定要小心，寄生虫并不是唯一潜伏在水中的生物。鳄鱼是常见的水中动物，它们偶尔也会享受到粗心大意的沐浴者自投罗网的意外惊喜。

医疗急救

每个旅行者都希望避免遭受疾病和伤害，无论是在陆路上前行，还是在尼罗河上航行。但实际上，总是存在患病或意外伤害的风险。但不要让这吓到你或阻止你：若你恰巧如此不幸，埃及医疗机构的专业人士可以为你提供帮助。

这些埃及医生被称为 soonoo。埃及的医疗专业人士有着严明的等级制度，从当地的治疗师到为法老本人提供医疗服务的御医都包括在内。埃及的医生会凭经验诊断各种常见的病痛和受伤症状，除非你从外面带来一些异域的疾病（当然这并不受欢迎）。随着帝国不断的军事扩张，开展大量建设活动，他们在治疗创伤方面积累了数个世纪的经验。牙医也到处都可以找到，这些牙医总能拿出治疗牙

> **寿命**
>
> 埃及普通劳动者的寿命相对较短，在30—36岁。上层阶级的统治者，未经历体力劳动的折磨，可以多活几十年。例如，现任统治者拉美西斯二世在位54年，活到70多岁。

齿和牙龈问题的解决方法，甚至还有专科医生来治疗妇科疾病、蛇咬伤和蝎子蜇伤等伤病意外。

当你有症状需要看医生，若医生给你开催吐药或灌肠药，或在你的口腔内注射药物，请不要感到惊讶，这是另一种净化身体的疗法。埃及人相信许多疾病是由体内废物污染残留引起的。然而，若你患有诸多旅行者都患有的共同疾病，你的身体可能已经在自行排毒免疫了。埃及的药物通常是多种混合物构成，包括植物、动物和矿物质。其中甚至包含一些特殊成分，如母乳、处女尿，苍蝇、蜥蜴、特殊鸟类和鳄鱼的粪便，猪和蜥蜴的血液，或者可能是油炸老鼠。在埃及，实际治疗过程中还可伴随着魔法咒语和使用符咒，在病情严重的情况下，祭司甚至可能被召来，用祭司召唤祈求与此病痛相关联的神。例如，赛尔凯特（Serket）是一位埃及女神（对应的是古埃及蝎子女神），常被祈求召唤来治愈被蝎子蜇伤的伤口。蝎子女神的祭司常常行使医生职责，并经常开出蝎子女神护身符以显示疗效。

说到护身符，你

处 方

尽管许多埃及人实际上剃了光头，埃及医生还是制定了以下处方

治疗秃头：

狮子的脂肪，1［些许］；

河马脂肪，1［些许］；

鳄鱼脂肪，1［些许］；

猫的脂肪，1［些许］；

蛇的脂肪，1［些许］；

野生山羊脂肪，1［些许］；

只需把以上成分原料混合成一种可涂抹的油脂，用来涂抹那些饱受秃顶脱发人士的头部。

颜　色

各种护身符的颜色、材质和形状通常都有对应象征意义。例如，黄金可以表示太阳孕育生命的理念；红色的半宝石玛瑙代表了同样的生命理念，因为红色是血液的颜色。若无合适颜色的天然材料或者有合适色调的天然材料但过于昂贵的，不妨试试加一点陶瓷釉或涂一点漆来合成想要的颜色，可以取得同样的色调效果。有些护身符有特定的动物形状，如狮子或眼镜蛇，都是为了保护此动物护身符佩戴者免受此类动物攻击，或向此动物护身符佩戴者灌输注入此类动物的理想化特质精神。这儿有一种护身符，是威力最强大的护身符之一，人称乌加特（udjat），意为保护神荷鲁斯之眼，这是猎鹰之眼，生者和逝者都可以佩戴。

会注意到众多埃及人都佩戴护身符，甚至是整串的项链护身符。不妨给自己找一个护身符交易商，可解决心中最大恐惧。若你不信那些护身符的威力，你也可以在各式各样的护身符中任意尽情挑选那些引人入胜的民族珠宝饰品，回家乡时可向乡亲们展示这些美妙收获。

规则概况

　　理解埃及文化中的行为规则将会为你避开诸多不幸和尴尬。埃及人相信一个主要的宇宙概念，他们称之为"玛特"（maat，真理与正义之神，代表宇宙秩序）。玛特通常由头上有一根羽毛的女神来代表，真理与正义这种抽象概念是他们希望社会稳定的终极目标。玛特（秩序）的反义词是混乱，那是应该害怕和完全避免的。

玛特女神代表真理和宇宙秩序。当她感到满意的时候，世界会变得更美好

法老和祭司向众神献祭是为了祈求得到众神友善仁慈的帮助来维护宇宙秩序，希望每个人以文明方式行事，在人类社会中推广秩序。最基本的层面上的规范要求，一个人不应从事谋杀、偷窃或欺骗之勾当。尊重同伴、他人，特别是地位高的人，尊重神圣的事物，连统治者自己也应如此行事，没有例外。在社交礼仪方面发生的各种不可避免的小错误可能会被忽视，正如有些无知和粗鲁的外来人所期望的那样。

然而，作为一个外来异域人，你应该特别努力以实际行动去遵循秩序，因为埃及人思想意识中把外来异域人士视为混乱的象征，要加以控制。

埃及的法庭由法官组成，他们听取各种投诉诉讼并做出判决。审理的案件范围从财产纠纷到令人发指的犯罪行为。有些罪行，例如轻微偷窃，可能会受到罚款或赔偿的惩罚，例如以三倍于赃物的价

智 慧

古埃及传统智慧，指导应对罪与罚

坚决惩办，严惩不贷
遏制犯罪，以儆效尤；
非罪亦须罚，抱怨即为敌。

值偿还。另外，一个
人可能会被判以鞭笞
或棒刑，打一百下也
并不罕见。更严重的
罪行可能被发配到采
石场或金矿去做苦
役。肉刑也偶尔会被

执行极刑

火刑执行之可怕，远非躯体疼痛可比。
埃及人信仰，人之身体，甚至是尸体，
皆有灵魂。活活烧死，躯体毁灭，灵魂
亦随之灰飞烟灭，人之根本魂灵被灭，
即化为虚无状态。

施加，其中可能包括切掉罪犯的鼻子或耳朵。最恶劣的罪犯，包
括那些阴谋反对国王或亵渎圣地的人，可能会被法老本人判处
死刑。

埃及的处决方式尤其惨不忍睹，通常包括刺穿处决或活活烧
死。无须赘述，作为一位异域人士，你自己最好不要引发太多的
争端。如果你发现自己陷入严重的法律麻烦，放逐（驱逐出境）
反而会成为令人愉快的惩罚方式之一；若事实证明确实如此，那
就怀着感恩之心接受判决，从容不迫地前往最近的边界。

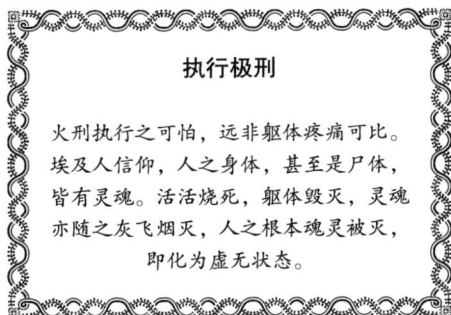

埃及宗教

当你在埃及旅行时，你很快就会意识到宗教已经渗透到整
个文化当中。埃及人似乎有种灵性，与周边所有事物皆可通
灵，包括神圣国王与整个自然界，以及自然界中的每个生命个
体。作为一种信仰体系，其复杂深邃性对于外行人来说是相当
惊人的。正如拉美西斯二世宫廷的大学者、大祭司卡蒙瓦塞特
（Khaemwaset）对笔者娓娓道来、精心阐释的那样，埃及宗教及

看哪！阿蒙拉，众神之王

其习俗具有一些基本特征：埃及人相信，诸神的力量无处不在，在各处发挥作用，诸神几乎控制着埃及社会的所有领域。每一个神有具体独特的特征表现，一些神以人类的形态出现，而另一些神则以动物或人兽混血儿的形式出现。外国人可能会觉得后者有些好笑［例如，托特（Thoth，埃及智慧神与月神）的人形身上长有一个长喙朱鹭鸟的头，还戴着头饰，或者是凯布利（Khepri，圣甲虫神，早晨太阳神的），拥有一个金龟子甲虫的头］，但请不要嘲笑这些信仰，大多数埃及人非常认真虔诚地对待他们自己的宗教信仰。大多数神通过将其复杂特征融合，合成为复合生命体。例如，太阳神拉（Ra）在早上被称为"Ra-Khepri"，在中午被称为"Ra-Harakhty"，在晚上被称为"Ra-atum"。他还被奉为阿蒙拉（Amun-Ra），这是一种结合了拉和阿蒙神的属性的复合神灵。

在埃及的天空中，明亮而温暖的太阳在人们的宇宙观和宗教信仰中扮演着中心角色。埃及人视太阳为移动的神，每天都在穿越这静止的天空，从西方下降到地下的阴间，每天会在东方重生，带来温暖和光明。人们一直担心太阳这一移动过程可能会停止，从而带来灾难性的后果，因此，为虔诚地表现对太阳神的崇拜，法老可适当地以个人形式或官方形式举办太阳神祈福崇拜仪式，这是必不可少的。太阳的运动被归功于一对巨大的猎鹰翅膀，以太阳神的象征形式存在，被称为"Ra-Harakhty"。太阳有时也被想象成一艘载着众神的船划过天空，或者是一只巨大的宇宙甲虫把灼热的金球滚过天空。

动物与上帝的联系似乎是基于特定生物的固有特征。女神塞赫梅特（Sekhmet，母狮神，战争女神）和女神帕克特（Paquet）体现了母狮的勇猛品质，而具有夜间沙漠蛰伏习性的胡狼的形象投射在守护墓地的大神（阿努比斯神，Anubis）身上。你可能会惊讶地发现，托特神与朱鹭和狒狒都有关联。同时也要记住，一些受崇拜的特定动物，如圣牛（Apis），被认为是某个神的化身，而这个神在原化身动物逝后就栖息在另一种动物身上。在一些寺庙

太阳神阿蒙拉在拉美西斯二世时期无疑是众神之王。以下是一首歌颂他的赞美诗的节选部分：

向你致敬，阿蒙拉太阳神，
两地王座上的伟大王者
执掌底比斯宏伟的卡尔纳克神庙
阿蒙拉母亲御圣牛于原野大地
天下之大，纵横驰骋，执掌上埃及。

（统管南方异域人士与风土人情）
天之长子，地之长子，
世间永恒之主啊，
以天下为己任，任重而道远
众神皆诚心拜服于众神之王，
因为大众已崇拜了众神之王
大家愿意臣服于天下共主，
恐惧之王，震慑之王，
力大无比，不怒自威，
万方来朝，主宰一切
感激你呀阿蒙拉，创造了众神，
开天辟地新世界。

里，你可能会发现，当地人们通过为猫、猎鹰甚至狒狒举办特殊的葬礼来向与动物有关联的神表达崇拜。

埃及的宗教信仰分几个不同的层次。在较低的层次，个人可能崇拜特定的神，因为那些崇拜的神与社会职业有关联，或是祈求在分娩等特定事件中得到神灵保佑。他们可能戴着代表神的护身符。每个个体在家里设置一个小神龛祈福于神灵。在地方层面，每个省都有自己的传统保护神。有些地区我们会看到由男性和其配偶、后代构成的三位一体组合神。在孟斐斯，三位一体组合神由卜塔（Ptah，主神）、塞赫梅特（战争女神）和奈夫图（Nefertum，即卜塔与塞赫梅特夫妇的儿子）组成；在底比斯，三位一体组合神是太阳神阿蒙（Amun）和他的妻子姆特（Mut，战争女神），以及他们的儿子孔苏（Khonsu，月亮神）。在国家层面上，当然有神圣的国王，现在，一个占统治地位的众神之王是太阳神阿蒙拉（如需查看一些比较著名的埃及诸神简介列表，请翻到这本书的后面附录部分查询）。

神殿与神仆

供奉和维持神灵的寺庙似乎遍布整个黑土地，大小不一，小到小巧玲珑的神龛，大到占地数英亩的大型建筑群。这些神殿乃神圣之所，此恢宏殿堂可用作举行朝拜、供奉、祭祀和其他重要的仪式，以滋养神灵仁爱之心。心满意足的神将赐福于民。无论规模大小，一座寺庙最终都会在其最里面的大殿里供奉某种神灵，在那里人们可以崇拜某个特定的神（像）。人们应该记住，

埃及各种祭司履行着各种各样的职责。例如，殡葬祭司披戴豹皮服饰主持葬礼，而旁边有一个拿着卷轴的祭司负责宣读

这个外在的神像并不是被崇拜的真神，此神像是神灵象征寄托在这个外在形象上，投射于人间。

国王是最高等级的祭司，至少在理论上该是如此，他被认为是人和神之间的神谕传达使者。尽管法老王偶尔也会在寺庙里亲自举行一次合乎礼仪的祭司崇拜仪式，然而埃及有那么多寺庙需要举行这样的祭祀崇拜仪式，法老王自己实际上不可能个个亲力亲为都参加。因此，神庙由一群主要由全职祭司组成的小团体管理，他们可代表法老，为法老履行这些必要的职责。

祭司普遍被认为是一份有社会声望的工作，即使这不是一份特别赚钱的工作。祭司工作分有几种，每一种都有不同的职责和功能。每座庙宇都有一个大祭司，或神仆，是唯一一位被允许执行祭祀崇拜神像相关的某些仪式，并定期拜访圣所的。大祭司的工作是特别有权力的，既可控制寺庙的大量土地和其他财富，还被尊为先知，因为他被神授权允许这样做：解释神谕，他有时以神的第一先知口吻替神说话。

大祭司由洁净祭司协助工作，你可以通过他们剃头模样与辫子形状来识别，而其他的都是年轻男孩的典型发式。也有一些专科祭司，比如仪式祭司，他们在举行仪式期间会专门诵读致辞，还有殡葬祭司是专业主持葬礼的祭司。前者被认为是会施展魔法的专家，而后者的特征是在肩膀上披戴斑点豹皮服饰。

还有一整个类别的守灵（守陵）祭司，他们为逝者亡灵的陵墓服务。女人本身并不属于祭司圣职的组成部分，但有些女子会被雇来担任庙宇歌手和乐手，用以演绎著名的角色。特别的是，通常与皇室有亲戚关系的女性，有时是联姻关系的女性，会扮演阿蒙神妾的重要角色，作为神的姬妾在仪式中发挥重要作用。从外界对寺庙内部活动的一点点了解来看，似乎有一些仪式一天举行三次。早晨，大祭司打开神殿的大门，神像需要被清洗干净，并换上干净的衣服。然后，通过特定的崇拜仪式召唤神像里的神灵，为其焕发生机活力，并供奉食物和其他祭品，以获得神的保佑和认可。神殿在上述仪式结束后将被关闭和密封，但一天内还需要至少两次接近神殿。当然，这些祭祀食品并不会被无生命的雕像吃掉，因此那么多优质的祭祀供品食物将会分配给祭司——这是祭司工作的一项重要福利。

作为异域人士，你参观任何寺庙的深度广度由各个寺庙的许可程度决定。一些寺庙的职能人员可能会告知不得入内而让你离开，而另一些庙宇的接待人士也许会欢迎你的来访，竭尽所能展现庙宇外观建筑之美，或者可能会接受游客捐赠，让捐赠的游客满足"只为看一眼内部"的心愿。但是，即使从外部来看，这些为神灵而建造的神庙纪念碑已让游人印象深刻，叹为观止。大多数寺庙开放给公众的部分通常只局限于外部庭院，在那里你可以看到普通民众带着小石碑和其他祭祀供品，他们一边向神灵祈祷许愿，一边感谢神灵对他们祈祷许愿的回应。

继续前行……

哦，马上要在这片土地上旅行啦，为了确保旅程顺利并欣赏领略埃及文化之美，还有很多东西要了解学习呢，但我们才刚刚开始。让我们走起！

三 埃及欢迎你

一河两地·植物·动物·与当地人交流：语言与
书写事宜·前往孟斐斯·继续旅行·太阳之城

如果你能从到埃及的旅途中幸存下来，并且在入境埃及时没
有被驱逐或监禁，恭喜你！这片黑土地的历史名胜和文化正在等
待你光临，真正的冒险才刚刚开始。沿着尼罗河开始你的旅程
时，你有必要先了解一些埃及的地理知识、动植物知识，以及一
些文化交流的概况，这些将有助于你欣赏旅途中遇到的各种文化
奇迹。

一河两地

尼罗河在埃及生存发展历程中处于核心地位。它划定了这个
国家的边界，并为人们繁衍生息、安居乐业提供了合适的农业环
境。埃及人把这条河简称为"itroo"（河流），或者简称为"河"。

这条河发源于遥远的南方，它的两个源头（青尼罗河和白尼
罗河）最终汇聚成努比亚境内的一条溪流。它一直向北而流，流
经好几处连绵的湍流峭壁（瀑布所在），最北到埃及的南部边界。
从那里，河流穿过一个宽广的山谷，经过数不胜数的村庄和城
镇，以及重要的名胜古迹，如底比斯和阿比多斯。在离古首都孟
斐斯不远的地方，这条河分成了几条支流，注入了低洼广阔的三

宇宙观

埃及人的宇宙观认为，大地四周被上空和地下的水域包围着。带着这种世界观，埃及人相信尼罗河实际上起源于地下深处的这些水域。

角洲，最后注入了地中海（埃及人称之为"绿色的海"，寓意伟大的绿色）。从诗歌艺术的角度来看，人们可能会把埃及的土地想象成一朵美丽的莲花，长长的尼罗河谷是它的茎，尼罗河三角洲是它的花朵。

虽然一条大河流经人们栖息之地并不一定会产生伟大的文明，但尼罗河的自然循环功能确实增强了埃及的粮食生产能力，这使得埃及的文明得以发展和繁荣。每年，洪水淹没了沿岸的土地，但留下了富含营养的沉积物。当洪水退去，田野就焕然一新。

这条河至关重要，是一条特别棒的便捷交通干道。河流的自然流动路线可使船只轻松地随水流从南向北航行。偶尔有些时候，埃及的盛行风从相反的方向——也就是北方吹来，使得船只

尼罗河是一条绝好的天然交通干道，众多船只熙熙攘攘，在尼罗河水域中穿梭航行

可以扬起船帆，逆流而上。从一捆捆纸莎草制成的小渔船到能够运输巨石的大型木制驳船，各种大大小小功能各异的船只都可以在这条河上航行作业。在这各种各样的船只之中，包括国内渡轮、海军舰船和

尼罗河洪水

尽管埃及作为"粮仓"是举世闻名的，但邻近地区的旱灾难民经常逃难到埃及寻求救济，埃及人并不总是能幸运地避开这样的自然灾害。尼罗河泛滥成灾会造成广泛的损失，更糟的是，河流水位上升不足会导致旱灾。尼罗河上比比皆是测量设备［希腊人称之为"nilometer"（水位仪）］，以跟踪河流的水位状况。

商贸船只，与地中海东部的贸易伙伴开展商贸运输业务。

根据河流的流向，埃及被分为两个主要地区。尼罗河河谷被称为上埃及（上游），三角洲被称为下埃及（下游）。考虑到尼罗河河谷绵延数百英里，有时对旅行者来说，用"从孟斐斯向南延伸到底比斯"这样的人为名称来细分上埃及是很有用的。（可参见第七章。）

埃及人敏锐地意识到上埃及－下埃及的地理差异，这对他们的历史产生了至关重要的影响。很久以前，这两个地区是独

哈比神（HAPI）

埃及人崇拜尼罗河河神——哈比神。哈比神通常被描绘成一个蓝皮肤男子，有着肥胖的腹部与下垂的胸部，还有水生植物从他的头顶冒出。想到河流规律地泛洪供水的重要性，可以理解为何埃及人如此相信这样一个河神，祈求哈比神庇佑，确保河流均衡地泛洪供水。据说哈比神潜伏在埃及南部边界第一瀑布附近的一个山洞里。

让哈比神保持快乐

埃及人完全有理由让哈比高兴，以下这首热情洋溢的尼罗河河神的赞美诗清楚地表达了他们的感激之情：

尼罗河啊，赞美你呀，你从大地而来，养育着伟大的埃及……

这片太阳神创造的土地，灌溉滋养了所有牲畜

为这片由水而来的荒野沙漠供给了充足的汩汩甘泉。

让这片土地上的大麦小麦苗壮生长，让庙宇充满了喜庆气氛。

当尼罗河神崛起时，大地都欢腾，人人都欢乐。

让这片土地上生机勃勃，物阜民丰，美妙绝伦。

立的政治实体，不时发生战争。大约比拉美西斯统治还早两千年的那个时期，双方的冲突随着上埃及统治者的胜利而结束，埃及人都还记得美尼斯这位统治者成功主导了这一切。人们把这两个地区的统一以及建立最初的埃及国家都归功于美尼斯，现在的文明就从埃及这个国家诞生和发展起来了。即使至今，统一土地的重要性仍不断地在王室层面得到强化。埃及的统治者有两个头衔，一个是上埃及的国王，另一个是下埃及的国王。在埃及艺术作品中，庆典仪式上，法老戴着代表下埃及的红色王冠，或戴着代表上埃及的白色王冠，或者更常见的是，戴着象征他对两个地区的统治权的双重王冠。他还可能戴着装有头饰的王冠，王冠上装饰有瓦吉特（Wadjet，眼镜蛇之意，指下埃及眼镜蛇女神）式样，或者装饰有奈赫贝特（Nekhbet，秃鹫之意，指上埃及秃鹫女神），或者两种装饰兼而有之。

这两地分作四十二个省：上埃及有二十二个省，下埃及有

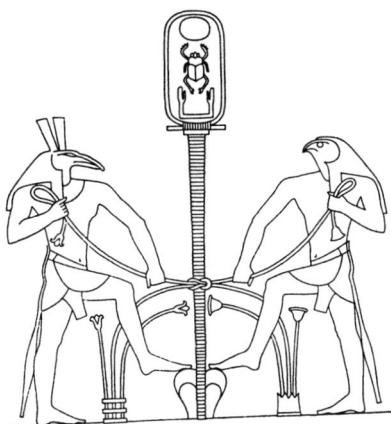

令人生厌的赛特神（风暴之神、沙漠
之神、外陆之神）和其英勇的侄子荷
鲁斯神（法老守护神）达成了和解，
图中象征性地描绘了上埃及与下埃及
的统一。梁柱的顶端有上埃及与下埃
及统治者的名字（象形文字）

二十个省。这些省在埃及历史上扮演了不同的角色，有些作为权力中心，有些存在着特殊关系，互为盟友或仇敌。每个省都有一个首府城镇或城市，同时每个省都有一个或多个守护神。

离开尼罗河地区并向西或向东继续冒险，你会发现广阔的沙漠，那里的干旱区域是自然屏障。然而，这些荒凉的土地也不一定没有价值。东部有许多采石场、金矿和其他矿产资源，为埃及统治者提供了大量财富和建筑材料。有那么几条横跨全国的旅行路线，你可以从尼罗河河谷穿过这片东部沙漠，然后到达红海，在那里开始异域探险，往返旅行。

在西部倒是有几个绿洲，但需要经过好几天的沙漠旅行才能到达。这些人烟稀少的绿洲虽然缺乏矿物岩石，但出产美味的枣和橄榄，还有一些更优质的埃及葡萄酒。在西部的沙漠里也可发现一些险峻的旅行路线，若你的确有此需求，可以冒险从北到南绕过尼罗河河谷。

肥沃富饶的法尤姆地区就在孟斐斯的西南部，与西部沙漠接壤。该地区有一个大湖，其水域特征和沼泽环境是狩猎和钓鱼的好去处。当地最受欢迎的神——鳄鱼之神索贝克神提醒当地居民，并非湖中所有的野生动物都那么容易被捕猎。其中一些动物本身是捕猎高手。

植　物

在尼罗河逗留期间，你会发现河岸两边及浅水中绿意盎然，这里长满了芦苇、灯心草、莎草，还有最重要的——埃及著名的纸莎草。这种用途广泛的植物可以长到 16 英尺高，头部则是呈喷雾状的精细绿色花丝。除用作造纸的原料，这种多纤维植物还能用于制作绳子、篮子，甚至是凉鞋。据说它的根能吃，但并不

尼罗河沿岸动植物繁盛

怎么受欢迎，除非真是饥饿难耐。在水上漂流时，你肯定会看到莲花，还有它们那平坦的绿叶，以及或蓝或白、形状各异的美丽花朵。

河两边的主要植物是二粒小麦、大麦和亚麻，它们都是埃及的主要农作物，旁边还伴种着各式蔬菜。在埃及你找不到森林，只有树丛、小树林或品种各异的几棵大树点缀在大地上。比如西克莫无花果，它多叶的树枝不仅提供了宜人的树荫，还有美味的果实。另外还有很多长满刺的金合欢树，它们的叶子和种子可供牛食用。它们的树干通常被制成木板，用来制作家具、船和棺材。金合欢树也产树脂胶，可用作黏合剂。其他常见的树木还有柽柳、柳树、橄榄树和荆棘树——一种当地硬木。沙漠边缘则生长着辣木树，它的天然油脂极具价值。

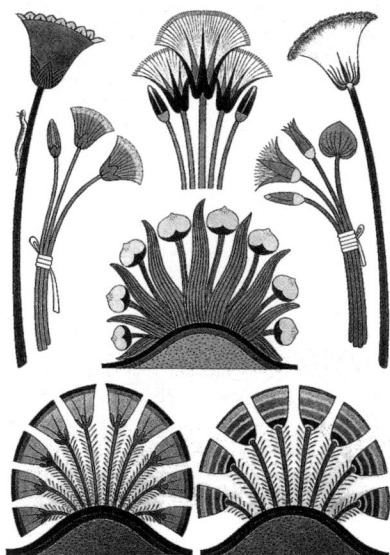

在尼罗河两岸可发现一些可爱的水生植物，包括纸莎草和莲

高大显眼的棕榈树也是生长在埃及的最有用和用途最广的树木之一。树干可用作屋顶和其他建筑材料，枝干和复叶在制作篮子、垫子和板条等方面也是大有用途。枣椰树的价值当然在于其美味的果实，你一定要尝尝。另一种棕榈树（dom），其特点是树干会分叉成树枝，还能结又大又硬的坚果。

尽管有这些植物，但埃及并没有足够数量的树木满足国内需求，相当多的木材都需要从其他地方进口。能够制造宽木板的高质量木材很早以前就得从东部地区引进，特别是腓尼基地区生长在内陆山坡上的雪松。紫杉、杜松、枞树以及柏树都是重要的进口木材。如果你在尼罗河上乘木船，真该好好看看这些船是怎么做的。很多似乎是由奇怪的木条构成的，打磨成型，用绳子捆绑在一起，然后填充缝隙。不必担心，这种制作方法是一种技巧性很高的埃及艺术，绝对防水。一些家具也是把各种木头碎料利用卯榫技术组装而成。埃及人欣赏自然美，特别喜爱花，经常把它们编成花环或花束用在庆祝仪式上。莲花，因其美丽和香味特别受到钟爱，据说还有催眠效果，和酒精混合能给聚会增加许多情趣。

动　物

和埃及人共享这片土地的还有很多动物，有些很有用很珍贵，有些则令人恐惧。体形较小的各种昆虫，如蜜蜂（下埃及的象征）、令人讨厌的苍蝇（你去埃及的话一定会好好了解它们的）、蜣螂（圣甲虫）。还有毒蝎，蜇一下就能导致严重的疾病甚

圣甲虫虽然卑微，却是一种强大的再生象征，如同这些流行的护身符里所展现的，这确实是很好的纪念品

圣甲虫

崇拜一种靠粪便而生的动物，这显得很奇怪，圣甲虫又名蜣螂，在埃及神话里有着特殊的地位。这种甲虫以粪料为食，把卵产在粪便里，然后滚成球，然后把它储存在地下的穴洞里。不断生长的幼虫会吃粪球，最后来到外面的世界，这给人以幻觉，好像它们是自然而生的。圣甲虫，以及它不断滚动的粪球，因此成了再生的象征，并和代表日出的凯布利神（Khepri）联系在一起。石头或陶瓷制成的圣甲虫形状的护身符，底座平坦，在埃及人中很流行。上面刻着幸运箴言，或名字或官衔，作为印章使用。一些巨大的雕刻圣甲虫则被法老用来在一些特殊仪式中使用。

至死亡，白天的时候它们会躲在岩石下或暗处，所以不要赤脚在沙漠里走路。它们的敏捷和力量给古埃及人留下了深刻的印象，以至于他们的早期的国王会以"蝎子"冠名。为了不和这传奇国王的同名生物打交道，在穿衣或使用空酒瓶前最好先抖一抖。

埃及有很多青蛙，它们是生殖的象征，因为它们能生育大量后代。而且由于青蛙生育力强大，在埃及的书写系统里，一个蝌蚪就代表数字 100000。类似地，埃及字表示"许多"的即是一个类似蜥蜴的象形字：埃及人并不太喜欢蜥蜴，但在这个国家蜥蜴真的特别多。

当心！野生危险动物潜伏在沙漠和荒野边缘之地

埃及有超过30种蛇，有些是无害的，有些则有剧毒。埃及的医生对每一个物种的毒性都有所了解，而且能够治疗他们认为不太严重的咬伤。那儿还有蛇神阿

动物的声音

埃及语言里有很多模仿动物的发音的单词。"猫"这个词是"喵"（mioo），"猪"是"哼哼"（reree），"驴"是"啊啊"（a-aa）。代表f音的象形字由角蝰来象征。这种致命毒蛇扑向攻击对象时发出的沙沙声，听起来就像fffffff。

波菲斯（Apophis），他被认为是秩序与稳定的敌人，因此必须被消灭。另外，瓦吉特——下埃及的眼镜蛇保护神，用毒蛇标志表示，常出现在王冠和头饰上。对游客来说，最好把所有埃及的蛇都当作毒蛇看待，保持距离。

大型猫科动物，如狮子，也生活在荒野边缘地带，但要想见到这些因过渡捕猎而愈加珍稀的动物却机会渺茫。在沙漠里，倒是很有可能遇见羚羊、羱羊、瞪羚，人们追逐它们以娱乐消

不要被河马那可爱的外表骗了，它是埃及最危险和最具攻击性的动物之一

Webaoner

在埃及有一个关于一位名叫 Webaoner 的祭司的古老故事。他的妻子和小镇里的一个男人有不正当关系。一个仆人向他揭发。Webaoner 便稍施埃及魔法，用蜡做了一只小鳄鱼，当他妻子的男朋友去洗澡时，命仆人把它放进水里。时机一到，这只蜡做的鳄鱼便变成了一只巨大的真鳄鱼。鳄鱼抓住了那个男人，把他困在水里七天。Webaoner 于是带法老来看这神奇的魔法，这只鳄鱼在被放进尼罗河之前，又变回原来的蜡质。这位不忠的妻子最终被烧死了，遗体被扔到了河里。

遣，欣赏它们的健壮身姿。夜豺和红狐游荡在干燥的山丘上，鬣狗在沙漠的边缘被追逐。乡下地区可以看到埃及猫鼬疾步猎食老鼠和蛇，人们很感激它们。当然这儿还有很多被驯化的动物，如牛、绵羊、山羊、猪、驴、马，以满足人们所需。一些鹅、鸭被广泛驯化，鹌鹑和候鸟经常被捕。宠物方面，狗因为能帮助捕猎而受宠，同时也是可爱的伴侣；不像埃及的其他大多数动物，它们有时会被赋予人的名字。猫，同样也受到广泛喜爱。阿蒙霍特普三世（Amenhotep Ⅲ）据说把他心爱的母猫埋在一个合适大小的刻字石棺内，这样的石棺即使是用来装贵妇也算阔绰的。一些精英也会进口猴子作宠物，显然是觉得这些动物出人意料地滑稽，动作很有趣。你也许会忍不住想摸摸这些毛茸茸的小家伙，或在市场上买一只，但务必注意你的新奇感很快会消失，因为猴子真的很让人讨厌，而且还咬人。

在埃及的沼泽和田野里有大量的鸟类。特别显眼的是长嘴朱鹭、田凫和头戴羽冠的戴胜鸟。常见的猛禽有老鹰、枭、秃鹫。

埃及最危险的两种动物——河马和鳄鱼潜伏在河里和沼泽里。河马和鳄鱼除了彼此几乎没有天敌，它们之间互有胜负。埃及人很怕河马，震慑于它们的力量和攻击性。千万不要被它们笨拙的腰身和小河马的可爱样子迷惑。河马能够弄翻一艘小船，它们巨大的牙齿和撕咬能力会造成致命伤害。鳄鱼自不必说了，它们静悄悄地潜伏，一旦发现对象便一跃而出，无论是毫无戒心的沐浴者，还是洗衣妇，或外国游客，它们都一视同仁。通常先把受害者拖入水下淹死，然后才吞食。造访此地水域，务必要跟当地居民先打听清楚这些动物。总之，避免坠入尼罗河，特别是在近岸区。

全能的法老偶尔会捕猎河马，它们的长牙很珍贵。其他外来的动物，如猴子、狒狒、花豹、猎豹、长颈鹿、犀牛等，有时会被从努比亚或更远的地方进口过来，因为它们的新奇性或其副产品的价值。即使熊也是从东部地区带进来的，一些埃及的统治者，特别是哈特谢普苏特（Hatshepsut）、图特摩斯三世（Thutmose Ⅲ）以及拉美西斯二世，都特别钟爱收集外国的动物，还建了小型动物园，经常种一些外国进口的树木。

与当地人交流：语言与书写事宜

作为一名埃及的游客，你不太可能理解太多当地的语言。如果你途经迦南，很可能会听到一些士兵、收贡者或其他一些住在那里的埃及居民说这种语言。如果你乘船从东地中海港来，你也可能听到水手和商人说一些这种语言。对大多数外国人来说，埃及语和他们自己的语言大相径庭，以至于根本听不懂。

不要慌。因为埃及对国际贸易和帝国建设很有兴趣，所以那

掌握埃及的象形文字和草书需要数年时间——问问这位快乐的书写员吧

儿有很多翻译员和书记员。当你入境被询问时，肯定能碰到一些。你也可能碰到一些住在埃及或商业殖民地的双语外国人，有的是外交人员，有的是战争俘虏。虽然语言问题一开始会让你胆怯，但没关系，这也只不过是另一种你不知道的语言罢了。

埃及的书写系统是另一个让到此的游客感到十分困惑的语言和文化特点。乍一看，好像是数百种代表各类事物的图片分类，有动物、人、家庭用品、船、植物，还有一些完全无法一眼辨识出来的符号。

象形文字

你也许会对这些笨拙的埃及象形文字感到沮丧，在其他地区你也找不到如此复杂的了。在美索不达米亚，闪族人、阿卡得人和巴比伦人发明了一种由数百个楔形符号组成的字母，这些符号代表不同辅音和元音的组合。对于没学习过的人来说，这些符号看起来非常相似，如果不是彻底令人迷糊的话。楔形文字的文件通常是用芦苇笔刻在泥板上的。

人们的第一反应可能认为这是一种书画形式，可以通过把每个图案解释为一种信息符号，以此解读整个故事。一对被手持棍子的男人追的鸟，你可以认为是一个捕猎的故事。如果你听过埃及人和他们那些神秘的信仰，你也许会认为这些象形文字是某种神秘的胡诌，然而这些想法都不对。大多数的埃及书写系统，就像其他语言一样，代表他们语言的发音，只是特别复杂而已。没错，只要经过适当的培训，就可以读写并理解这些文字。

书写系统中最简单的一种就是用一个符号表示一个音（字母）。在拉美西斯二世时代，语言很少以这种方式书写，埃及的语言系统更复杂一些。尽管它确实含有字母符号——也许你认为这就够了，但它还有一些符号代表两个或三个辅音的结合，以及很多其他没有任何发音价值的符号，这些符号反而在帮助解释某个词的意思时特别有用，因为通常元音都不会被标示出来。

旅行期间，你可以在拉美西斯和他前任的高大雕像上或神庙高耸的墙壁上欣赏这些刻在石头上的埃及文字。它们很可能会继续存在上千年，继续困惑和启迪着未来的一代又一代。如果你想设法获取到这些皇家纪念文字的译本，等待你的将会是厚颜无耻的宣传：法老的盛名永垂不朽。在埃及和努比亚，至少有六座神庙上记载了拉美西斯二世和赫梯人在叙利亚的卡叠什战斗的丰功伟绩，展示如下：

> 陛下列阵于卡叠什西北。他只身冲入敌人阵中，他们隶属于战败的赫特人（Kheta）首领。陛下发现四周有2500匹马，分四队包围了自己。他把他们都杀了，

如果你相信这个宣传，
拉美西斯二世自己就
是一支军队

> 尸体堆在他的战马之下。他斩杀了所有国家的首领、
> 被征服的赫特首领的盟友及其将领，以及他的步兵和
> 战车部队。他打倒他们，让他们拜倒在自己脚下，又
> 把他们一个个扔进奥伦提斯河（叙利亚一河流）。陛
> 下在他们身后，犹如一头威猛的狮子……

　　拉美西斯二世确实是一位伟大的超级英雄，抑或是这里的描
述有点不准确呢？（事实上这场伟大的战斗最终以平局收场。）
在埃及，最好还是要灵活变通，至少假装官方版本是正确的。表
现出适当的惊叹。

　　另外，很容易辨识出纪念碑是为谁而造的。在这些象形文
字里找那些被椭圆包围的文字。这些椭圆（后面的文本里称
"cartouche"）是代表永恒的符号。皇家的名字通常是成对出现
的，代表统治者的主要名字。

除了这些在正式的石碑上精心雕刻的文字，埃及人还用纸莎草制作纸张，用于书写日常文件。这种纸很轻，耐用，很容易卷成各种长度的纸卷。从正式的象形文字衍生出一种草书，

纸 张

用纸莎草制作纸张确实是一项伟大的发明。不像笨重的泥板、陶瓷片或遗弃的石片，纸张更轻，持久耐用，还可以卷成任意长度的纸卷。剥去纸莎草茎秆的绿色外皮，就是白色的内芯，可以把它切成长条状叠放在一起。经过长时间的压缩，自然的黏合剂就会产生黏合效果，形成一张多用途的纸。

可以用芦苇制成的笔蘸着有黑红墨水的调色板写在纸上。只有很少的埃及人能够读写，都是上层社会受过教育的人，或是经过严格训练的书记员。因此书记员这份工作是很高尚的。

埃及统治者的名字是用象形文字写在拉长的圆形内。很容易辨识谁建造了什么，或夺取了什么

前往孟斐斯

让我们去旅游吧！有好几个选择，但都是沿尼罗河上游走的路线。即使你在边境感到很不安，但至少去趟孟斐斯（Memphis）古城探险吧，那儿有大都市的氛围和金字塔。如果想体验埃及的伟大，一定得去底比斯城（Thebes）。沿途有很多美丽的风景，还有无与伦比的底比斯纪念碑。更有兴致的可以继续前往埃及的南部边境，到努比亚来个惊险刺激短途游。

如果你是经荷鲁斯大道抵达埃及的，离开有点恐怖的塞扎鲁城堡，你一定会目眩于埃及的强大和财富。离美丽的拉美西斯城不远，是现在法老的住所。想到那儿，你得穿过尼罗河的支流，以埃及太阳神的名字命名的拉河。如果你是通过海路而来，你可能要在繁忙的内陆河港靠岸，你和你的船友、伙伴，以及随行货物都要被征税。拉美西斯城是一个必看景点，也是长途旅行后的绝佳憩所。找个地方住下来，玩几天，你可以第一次近距离地欣赏这片土地的壮美。

拉美西斯城，更正式的名称是 Pi-Ramesses、Aa-Nakhtu（战无不胜的拉美西斯之城），坐落在希克索斯人昔日的首都阿瓦里斯（Avaris）附近。拉美西斯二世的父亲塞提（Seti）建造了这座可爱的夏宫，坐落在沙漠边缘和丰茂的农田之间，尼罗河就在边上。这座城的战略地位十分重要，它是军队向东远征的出发地，也是对外贸易财富的聚集地，无论是进贡的还是劫掠的。周围的尼罗河是绝佳的防御，保障这里的安全。

拉美西斯城确实是个可爱的地方，就像一份名叫 Pibesa 的手稿记录的那样：

> 这是个美丽的地方，无与伦比；
> 就像底比斯，是太阳神发现此地；
> 宫城宜居，到处充满美好的东西；
> 每天都有大量的事物，人们乐居此地，
> 夫复何求。

拉美西斯二世大幅扩建了他父亲的宫殿，内饰装修奢华，彩釉瓦片铺陈。别指望能好好欣赏它，除非你是特别重要的人物或受雇于御所。即使作为一位普通游客，宫殿的外表和其他的城市景点，如庙宇等，也足以让你惊叹。这座城市的很多居民都是官僚及其他各类政府的职能人员。他们的角色和头衔五花八门，还有大量的用人服务他们及皇室成员，以及各种雇用人员以维持政府的正常运作及特权人员的舒适生活。

这座皇城是一个很热闹的地方。如果你清晨上街走走，你会看到埃及社会是如何运作的：穿着一丝不苟的官员们身着长袍走在去办公室的路上，庙宇的祭司因为他们闪亮的秃头格外容易辨识，家佣们匆

建筑材料

尼罗河三角洲几乎没有适合采运的裸露岩石，所以此地大多数庙宇、宫殿和石碑用的优质石料都是从其他地方运过来的，有的远至数百英里外。尼罗河的水流可以帮助驳船运输这些石料。据说拉美西斯二世亲自选择了一些用于建造其皇城雕像的石料。其他建筑材料则是通过拆除其他一些更早的城镇或石碑（如希克索斯王朝的首都阿瓦里斯）。因为这种做法，所以拉美西斯城到现在也没留下多少东西了。

忙于服侍他们有钱的老板，裸身的奴隶则从事着卑微繁重的工作。城市郊区的农民在田地里劳作，小贩们则坐在满是灰尘的街道上贩卖篮子和陶罐里的各种物件。

还有一定要去看看繁忙的港口。这座城是埃及帝国很多水果的进口中心，当这些来自东方或其他地方的颇具异域特色的东西从船上卸载分配的时候，你一定会很感兴趣。

拉美西斯城有几座壮丽的神庙值得一看，尤其是建有好几对石头方尖碑和立有圆柱的大厅，它们是向信众比较多的阿蒙神和卜塔神献祭的。如果你展现出足够的尊敬，也许会被允许进入神庙最外面的庭院，但想进入大门、内院、室内，或更里面则不太可能，神职人员也不例外。

在这些皇家和宗教建筑中找一找朱比利大殿（Jubilee Hall）。长寿的拉美西斯会定期举行一种古老的仪式焕新、庆祝其王权。这就是所谓的塞德节（Sed-Festival），它有一系列高度象征化的仪式以宣示法老作为两块土地的主人的合法性，同时也展现其作为统治者的力量和正当性。漫步于各个庙宇和石碑间，你会看到几十座拉美西斯二世雕像，雕刻精美，通常比真人大，有些特别巨大。习惯它们吧，如果你继续深入埃及，这将非常常见。

当你陶醉于这座城市的美丽、活力和皇家气派时，你也许会嗅到一丝不祥的军火味儿。数以百计的壮马、战车还有它们的驾驭者也住在这儿，卫戍的军人们等待着他们的战令。你也许会注意到铁熔炉里散发的刺鼻气味，熟练的铁匠们正锻造着武器。其他装备专家也在努力工作为军队提供装备。军队进取的路线将和你的一样：经荷鲁斯大道或乘船从这座城市的大港出发。

继续旅行

拉美西斯城确实是认识埃及的首选地，但最终你还得离开这美丽的地方继续向南。找一艘从城市河港出发的渡船或商船并不难，乘船沿拉河而下可直达孟斐斯。可能要花五天到一周的时间，这取决于风向。沿途船会时不时地停靠，做点生意，让一些乘客下船；也可能每晚都要靠岸。别担心时间。到这儿花的时间可不短。一趟合理的埃及游至少要花好几周。好好放松，欣赏一下美丽的绿野，看看当地人的田间劳作情景，还有沿岸的水禽在埃及明媚的阳光下逆流而上的风景。

继续向南，沿路你会发现几处有趣的景点。帕贝斯特城（Per-Bastet）是崇拜猫保护神贝斯特（Bastet）的中心。如果你路过的时候，恰巧碰上贝斯特节的盛会，你也许得停下来看看。这个节日以其欢乐的气氛著名，有很多音乐、饮料和舞

尼罗河的船

尼罗河的重要性再强调都不过分。它两岸几乎每一个大城市都保留了港口，即使小一点的城镇沙滩或码头也为河上交通提供食宿。河船通常有上翘的船头、矩形的船帆、建于甲板上的船舱，船尾还有导航桨。成排的长桨提升了操作性、速度及逆流而上的能力。

如果你想找人搭船，请远离载着挥舞武器的蒙图神形象的船。蒙图是战神，船上的水手和士兵训练有素且很严肃，很可能没有心情与游客纠缠。（盾牌和长矛竖立在船的甲板和船舱，这也将为您提供额外的暗示。）

埃及的神

根据埃及神话，世界创造之前，有四对神。关于创世它们有好几个版本，但根据其中一个特别重要的版本，阿图姆神（Atum）从泥堆里出现，创造了其他的生命神和宇宙。阿图姆首先创造的是苏（Shu，空气）和他的配偶泰芙努特（Tefnut，水汽）。之后是盖布（Geb，大地）和努特（Nut，天空）。宇宙其他物质都是由这四种元素构成。盖布和努特生了两对男女神的后代：奥西里斯（Osiris）和伊西斯（Isis），塞特（Seth）和奈芙蒂斯（Nephthys）。

创世之后，这个神族大家庭开始出现争吵，塞特和奥西里斯间有了仇恨，塞特最终杀死并肢解了奥西里斯，之后奥西里斯复活为地府之王。荷鲁斯是奥西里斯的儿子，伊西斯最终成功向塞特复仇。今天，埃及人相信荷鲁斯是现今埃及统治者的化身（虽然你很难看到鹰头的拉美西斯飞过天空）。关于这些起源，另一个最受欢迎的信仰是，极具天赋的羊首库姆神（Khum）在制作陶器的转盘上创造了人和他们的灵魂。埃及有好几百万人，他真的很忙。

蹈。就像希腊历史学家希罗多德说的：

> 当人们前往帕贝斯特的时候，通常走水路……每条船都会载很多人。一些女人会拨弄器具发出噪声，有些会一路吹奏长笛。其他的女人，还有男人，则唱歌拍手……每靠近一座城镇，他们就会靠岸；有些女人……嘲弄城镇里的女人；有的跳舞，有的站起来展示她们的身体。他们每到一处河边的城镇都会如此。但到了帕贝斯特的时候，他们用很多祭品庆祝节日，喝的酒比一年其他的时候都多。据当地人说，男男女女（但没有小孩）习惯于聚在那里，人数达 70 万之多。

沿着河再往前，你会到达 Nay-Ta-Hut，这里曾是被鄙视的希克索斯人的一座城，现在是一座繁荣的获得解放的城镇。

太阳之城

从拉美西斯城出发，向南航行大概四天，你可以顺着运河去埃及最大的城市——伊乌努城（Iunu，也就是赫里奥波里斯）看一看。伊乌努无疑是埃及的精神之都，是古代太阳崇拜的中心，也是天文学和其他几种宗教崇拜的中心。希罗多德稍后会告诉大家，据说赫里奥波里斯人是全埃及最博学的。在那儿你能看到太阳神拉的神庙，以及拉如何从地平线升起。从运河上，通过对几对方尖碑的定位，你可以辨识出这座城市的神庙，这些

方尖碑是太阳崇拜的一个明显象征，也是埃及石刻的杰作

59

> ### 方尖碑
>
> 方尖碑是一根自下而上逐渐变窄的矩形柱子，顶部呈金字塔形（称为小金字塔）。这些石碑和太阳崇拜有关，可高达近30米，通常刻有象形铭文。雕刻、运输和竖立这些巨大的方尖碑真是一项伟大的工程。在埃及南部边境的苏努（Sunu，也就是阿斯旺）的花岗岩采石场看到最高的有40米，它们通常会被当场破开，然后再运输到其他地方。

方尖碑高耸入云，顶上镀金的小金字塔闪闪发光。这些方尖碑是以前的皇室名流捐建而成的，包括森乌塞特（Senusert）一世和图特摩斯三世，他们给这座城市起了一个埃及名字Iunu，意思是"柱子"。

伊乌努圣殿是为阿图姆而建，尤其值得注意的是，它据说坐落于埃及创世神从太古泥丘诞生的地方，创世神诞生后就创造了其他的神，促成了世界的诞生。在一处高一点的地方，是露天庭院，里面有本本石：一个短矮的金顶方尖碑，标示出创世的地方，同时采集太阳光线。你还会在这座城里发现崇拜神树的中心，还有崇拜麦尔握（Mer-wer）的中心，它跟太阳有关。这个麦尔握的代表是一头黑色勇猛的真牛，生

> ### 其他有趣的地方
>
> 如果你是从尼罗河的西北支流进入埃及，你会错过美丽的拉美西斯城和伊乌努。不要沮丧，在你向南前往孟斐斯的路上还有其他有趣的地方。帕尔-瓦吉特城（Per-Wadjet，也叫Buto）是下埃及早期的都城，它的特色是一座眼镜蛇神瓦吉特的神庙。当心，她的流行是因为当地无处不在的眼镜蛇。另一座城市，萨乌（Sa-U，也叫Sais），是骁勇的战士——涅伊特神的崇拜中心。有趣的是，他同时也是狩猎和编织的守护神。这里值得你一游。

前备受宠爱，身后则以盛大葬礼被埋葬，然后由另一头麦尔握化身的黑牛代替。在那儿，你还会发现其他有趣的宗教节日，比如庆祝阴历不同的时间段。

如果你觉得伊乌努又大又神秘，而不是又小又奇怪，准备好吧，前方还有更多有待发现。

四 名胜景点

欢迎到孟斐斯古城·全能法老·法老拉美西斯大
帝·国王臣民·威武军队·游历孟斐斯

欢迎到孟斐斯古城

无论你来埃及的目的如何，去一趟孟斐斯，或用埃及的称呼——Inbuhedj，是必不可少的。这座城市位于黑土地的核心，是一个国际文化汇集地，历史深厚，仍然是这片土地的情感之都。它坐落于伊乌努32公里以南，如果依靠风力，沿尼罗河上流不到一天就能到。Inbuhej 的意思是"白色的墙"，指古代首都皇宫那闪耀的外表。这城市还有另一个名字 Men-nefer，意思是"美丽永驻"，从附近的佩比一世（Pepi Ⅰ）的金字塔借用而来。这座城市确实历史悠久：它可以追溯到埃及的第一任国王美尼斯（Menes），以及大约两千年前统一的埃及国的建立。作为两片土地的首都，其战略地位对其成功十分重要，在尼罗河开始分叉的地方的南部，支流滋润了三角洲地区，它又直达沙漠的商队路线，孟斐斯也是卜塔神之城，他是工匠的守护神，有创世之功。

有人也许会说，这个不断扩张的城市的政治、宗教和文化的统治地位在数世纪前已经被南部的瓦塞特（Waset，底比斯）掩盖了，之后几十年又被东北部的新首都拉美西斯城超越。然而并非如此，孟斐斯继续保持着自己的地位，仍然是埃及最重要的城市之一。它的主要港口是埃及很多地方的中央分配中心。在它的附近你能看到来访的商人、外国人的殖民地,给这片生机勃勃的土地提供商品和服务。漫步市场和码头,你会听到各式异国语言,在埃及的估税员监督下,外国人在给船舶装货卸货。你也许会感到奇怪,在这里很多外人可以自由信奉亚洲的神明,如巴尔神(Baal,古代腓尼基人信奉的太阳神)、阿施塔特神(Astarte,来自闪米特神话),这都能被允许,即使不是被尊重,偶尔一些埃及人也会崇敬,但这里的主流毫无疑问还是戴着蓝色紧帽的卜塔神。

除了市场和港口,孟斐斯的景点和其他埃及有趣的地方差不多,主要是各式皇家和宗教建筑。白色的墙以及和它相关的人员仍然十分活跃,等待着拉美西斯的归来,因为他偶尔也会游览这片土地。不要期待除了外景你还能看到更多,但这些由泥砖、石头和木头筑成的伟大建筑也足够你惊叹了。

孟斐斯主要的景点是巨大的卜塔神庙群,被称为卜塔灵魂

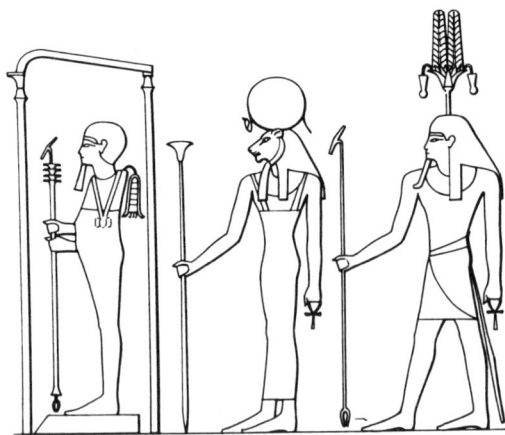

孟斐斯受崇拜的三个神分别是戴蓝色紧帽的卜塔,他凶狠的母狮妻子塞赫梅特,他们矮小精干的儿子奈夫图(Nefertum),他是香水之神

之庙（Hikaptah），它的周围砌着一圈泥砖墙。进入这个建筑群，你一定会看到拉美西斯二世的巨大石像，屹立在神庙大道的两侧。卜塔在这里自然不能被忽略，有很多的肖像。入口一直通往柱殿、内庭、宫室。如果可能的话，警卫和祭司会告诉你能走多远。

孟斐斯还有一些特殊崇拜的神龛，最有名的是阿匹斯神牛

一首诗

由这首一个渴望归乡的年轻学生写的诗，我们可以看到埃及人对于孟斐斯的情感依恋。

哦，在孟斐斯的渡船上，我顺流直下，
如同逃亡，斩断所有的羁绊，
肩上扛着一捆旧衣物。
我直冲而下，那儿
生活在那个伟大的城市，
我会告诉卜塔（热爱正义的主）：
今夜赐我一个女孩儿……
明日寂静的欢乐，
晨曦照亮她的可爱
哦孟斐斯，我的城市，永恒的美丽——
你是一碗爱的浆果，
献给卜塔神的佳肴，
你的神，俊美的神。

（Apis bull）。就像伊乌努的麦尔握，孟斐斯的黑色阿匹斯神牛是一种真实的动物，被认为是神的显现，即当地最爱的卜塔神。阿匹斯神牛皮上有一处特殊标记，前额有一块白色三角。这头神牛享受着一级待遇，在庆典时也会不时出来游行，以接受观众的敬畏和欢呼。

阿匹斯神牛据信有传达神谕的能力。如果恭敬地问它是或否的问题，这头牛会以走进两所厕房中的一所来回答。你也许会感叹"如果生活真那么简单就好了"，但埃及人对此十分认真，并

认为神牛的答案很权威。就像麦尔握，阿匹斯神牛死后被给予充分的荣誉，被做成木乃伊并安置在其前任附近的墓中。之后，会再寻找另一头阿匹斯神牛，如此循环往复。

在古老伟大的孟斐斯小住一阵，可有助于了解埃及的政府系统。

凯麦特（Kemet）的名称

外国人对凯麦特的称呼——埃及（Egypt），来源于卜塔崇拜中心——Hikaptah。埃及人把它翻译为"Aigyptos"，在一些语言里它被借用或演化为"Egypt"或其他类似的名称。迦南地区或附近的一些人称埃及为"Mitzrayim"，意为"分开的土地"。

埃及有着一个自法老始从上至下的等级结构，主要由公民官僚和宗教官僚构成。对这一体制的了解可以帮助你认识埃及是如何组织数量甚巨的人创造如此众多的建筑奇迹，在你路过孟斐斯和其他地方的时候，你会遇到它们。

全能法老

最上面是统治者本身，他是埃及人心中现世的、可见的神。他是地球上的人类和神明世界的最终连接。法老的神圣世系认为他是荷鲁斯神现世的化身，奥里西斯和伊西斯的儿子。他还称自己是太阳神拉的儿子。不管外人如何看待这些，事实上，法老被看作甚至当作神，他对人类事务——包括你（当你在他的国家的时候），有正当的权威性。统治者的义务有很多。最重要的是他的最高祭司的角色。为了维持国家的玛特——埃及概念的真理和正义，其能稳定宇宙，法老必须确保神明的快乐与合作。必须建造、维护、升级或修复神庙，还得定期献祭。

神圣的统治者，作为"双土之主"，自然有其神圣的责任。他的话就是法律，他的旨意必须被遵守。他必须以智慧和玛特（真理和正义）来统治，你也许会注意到他有时被描绘成一个神圣的牧羊人，手拿曲柄拐杖和连枷。曲柄拐杖用于引导人群，连枷用于执行纪律，如有必要的话。法老也是令人敬畏的埃及武装力量的总指挥，这份工作可以帮助他完成保护埃及及其人民的责任。

如何成为法老，这主要和出身有关。现任统治者最年长的儿子将会成为下一任法老。当然也有例外，还包括很罕见的女性法老，比如数百年前的哈特谢普苏特，或者是在某些引发王朝更替的政治环境下出现的新法老。

实际上，许多年轻的法老即位初期都会与父亲共同执政。这是一个极为明智的权力交接程序。年轻的法老初掌王权，可以跟随父辈学习如何治理国家，一旦发生宫廷政变和暗杀事件，也可以借此保持国家稳定。七百年前，阿门内姆哈特一世（Amenemhet I）时期就发生了类似的事件。阿门内姆哈特一

神 牛

外国游客可能会对在伊乌努、孟斐斯、艾赫米姆等地方的这种活牛崇拜感到疑惑，作为一种强壮的雄性动物，公牛一直是力量和生育的象征，也是一种被渴望的神的特质。好几位法老——拉美西斯二世也是其中之一，都把"雄牛"作为他们的名字之一。

威名赫赫的埃及统治者。拉美西斯二世是古埃及历史上最著名的法老之一，其雕像和纪念碑随处可见

世被反叛者刺杀，死前甚至来不及宣告由他的儿子继承王位。但是，如果法老的长子行为不端或行事怪诞，很可能会使国家陷入动荡，例如大约一百二十年前的宗教异端分子阿蒙霍特普四世（Amenhotep Ⅳ，又称阿肯那顿）。关于阿蒙霍特普四世的异端行径，参见第七章。

古埃及的儿童死亡率很高。为了立储，法老需要遴选生育能力强的配偶，生出王室后代。普通的古埃及人只有一个妻子，少

法老的名字

在埃及语里，神圣的统治者叫"nesoo"，是为了区别于"伟人"，"伟人"只能用于世界上其他地方的统治者。法老这个词，来源于埃及语"per aa"，字面意思是"伟大的房子"，指代国王的办公室。统治者有五个官方名字，反映其神族血统、责任及作为个人的特殊性：一个荷鲁斯名字，后面是两个女神的名字（奈赫贝特和瓦吉特，她们代表上埃及和下埃及），之后是一个"金鹰"名，最后是王位名和出生名，在这个拉长的椭圆形轮廓里写着拉美西斯二世华丽的全名：雄牛，玛特的爱；埃及的守护者，降服外敌；长寿，常胜；上埃及和下埃及的王，"拉神的公正强大无比，拉选之子"；拉美西斯-梅里亚蒙——"拉神之子，阿蒙之爱"。

埃及王朝

拉美西斯二世之后约九百年，埃及祭司曼涅托（Manetho）在其著作《埃及史》中，以王朝的形式对埃及进行了历史划分。尽管这种方法并不完美，但这一断代体系使后人可以根据相应的时间顺序对历史趋势、历史事件和历史人物进行探讨。公元前1250年，如果你前往埃及旅行，向在旅途中遇到的埃及人打听第十九王朝的消息，他们一定会满脸茫然，认为你是个蒙昧无知的外国人。

埃及的统治者们没有忘记他们的王朝祖先。有些埃及国王的王名被刻在石头上。这些国王的名单可以追溯至美尼斯（Menes），也即古埃及第一王朝的开国国王。例如，拉美西斯二世在阿拜多斯（Abdju）神庙的墙壁上按时间顺序刻着历任法老名单。那些被认为不合法和失败的法老名字没有被选入。显然，拉美西斯二世希望这些法老迅速被人们遗忘。其中，上一王朝的几位法老就被排除在外：女法老哈特谢普苏特和宗教异端分子阿肯那顿。

数高级官员可以有多个妻子，但法老的配偶数量则不受限制。法老的妻子，有些来自平民阶层，有些则直接来自上流社会。一些国家会将本国的女子奉献给法老，要么作为效忠的贡品，要么作为巩固政治联盟的和亲产物。古埃及法老可与近亲结婚，保证血统的纯正。有些法老甚至跟自己的亲妹妹或同父异母的妹妹结婚，可谓骇人听闻。有时法老甚至会娶自己的女儿，尽管这种婚姻通常只是仪式性的，没有夫妻之实，不会生儿育女。

在位法老死后，王储才能正式继承王位。根据埃及神话记载，已故的法老取代奥西里斯的位置，成为冥界的主宰和死亡判官。而他的继承人则成为埃及王座上新的活着的神灵荷鲁斯。

几个世纪以来，法老在位时间长短截然不同。早在建造金字塔的繁盛时期，据说佩比二世统治了九十四年之久。同一位法老统治过久，可能对整个国家不利，埃及在他死后不久就陷入了内战。另外，据说在埃及政治动荡时期，走马灯似的七十天内换了七十位君主。照常理来说，这种传言并不可信。但某种程度上说明了这个王朝异常短暂、极度混乱。这时拉美西斯二世已经七十多岁，已经在位五十四年。其执政时期是埃及新王国最后的强盛年代。拉美西斯二世的寿命实在太长了，许多王位继承人都在他之前死去。

　　第十九王朝的创立者是在位国王拉美西斯二世的祖父：拉美西斯一世。拉美西斯一世没有王室血统，他是第十八王朝末代法老霍伦海布的廷臣和将军。他是一位军事领袖，也是第十八王朝末代的若干过渡统治者之一。阿肯那顿是第十八王朝的掘墓人，

拉美西斯二世的父亲塞提一世身上展示了很多王权象征物，其中包括王室头饰、假胡须和象征权力的胡狼权杖

从他继承王位开始，古埃及开始走向衰落。非王家血统家世出身的霍伦海布抛开他亲生系统的后嗣，任命了拉美西斯一世为继承人。从拉美西

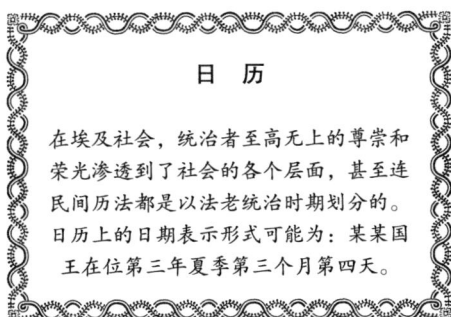

斯一世开始，恢复了王位的子嗣传承。拉美西斯一世并没有享受到多少法老的尊崇和特权，加冕后不到两年就去世了。新的活着的荷鲁斯（塞提一世）迅速取代了他的位置。塞提一世在位十多年，其统治时期是古埃及最辉煌的时期之一。在军事上，塞提一世上位的第一年就派遣军队远征巴勒斯坦和叙利亚。塞提一世修建的伟大建筑成就包括美丽的避暑行宫。该行宫构成了尼罗河三角洲新建王城拉美西斯城的核心建筑。

法老拉美西斯大帝

现任统治者是拉美西斯二世。拉美西斯二世是古埃及最伟大的法老之一，在埃及留下了不可磨灭的印迹。如今，在埃及没有一处土地不带有他的王名、画像和建筑。作为下一任王位继承人，拉美西斯很小的时候就在"法老学校"学习，表现极为活跃，与父亲一起参加了许多皇室活动，并在十几岁的时候追随父亲参战。继承王位后，拉美西斯立即表现出对纪念性建筑的巨大热情，完成了父王塞提一世的一些遗留建筑项目，还兴建了大量

纳菲尔塔莉

纳菲尔塔莉是拉美西斯二世的第一任妻子，两人结婚时，拉美西斯二世还没有成为法老。纳菲尔塔莉是拉美西斯二世最宠爱的王后，是位绝色美人。在努比亚的梅哈（Meha）遗址（见第九章），拉美西斯二世在一座砂岩山上建造了两座恢宏的庙宇。第一座神庙直接在砂岩山上切凿雕刻而成，供奉着拉美西斯二世法老与诸神，旁边一座小的神庙则是为纳菲尔塔莉所建造。为王后建庙在古埃及历史上极为罕见，彰显了法老对王后无以复加的疼爱和尊重。底比斯王后谷中，最壮观的坟墓就是属于纳菲尔塔莉的。坟墓的墓壁上保留了大量精美壁画。令人遗憾的是，墓室不再对游客开放。古埃及还有一个王后，叫纳芙蒂蒂（Nefertiti），字面上很容易与纳菲尔塔莉（Nefertari）混淆。纳芙蒂蒂国色天香，是前朝"宗教异端"法老阿肯那顿的王后。

新的建筑项目。登上王位的第四年，拉美西斯发起了大胆的军事行动，东征叙利亚。次年，拉美西斯厉兵秣马，发动了著名的卡迭石战役，与赫梯人展开了一场彪炳史册的大战。即便在五十年后，他仍然不断夸耀自己当年的功绩。

赫梯人的首都在安纳托利亚（土耳其），很早就建立了一个侵略帝国，不断与埃及人发生军事冲突。拉美西斯在位二十一年时，与赫梯国王哈图西理斯三世（Hattusilis Ⅲ）缔结了前所未有的和平条约。这项互不侵犯条约是一项英明的举措：条约划分了各自的势力范围，这两个强大的长期敌对王朝开始学会如何和平共处。没有这项条约，外国人前来埃及旅游，势必缺乏安全感，不会有任何闲情逸致欣赏风景。条约签订几年后，拉美西斯二世娶了赫梯王哈图西理斯的长女为妻，后来又娶了另一个赫梯新娘。通过政治联姻，两个帝国进一步巩固了同盟关系。

拉美西斯二世有八个王后，嫔妃更是数不胜数。他最喜欢的皇后包括纳菲尔塔莉（Nefertari）和伊斯诺弗莱特（Isetnofret）。

可悲的是，纳菲尔塔莉在几十年前就去世了，但拉美西斯不缺嫔妃，身边萦绕着无数如花美眷，其中包括拉美西斯自己的三个女儿。历史久远，无法考证，但大致估计，拉美西斯约有 50 个儿子，数量之多，直追嫔妃。

拉美西斯二世的建筑成就同样举世瞩目，尤其是，数量众多，遍布整个埃及。千万别眨眼，要不然可能错过另一座巨大的雕像、神庙或其他由法老建造的纪念碑。你可能会听到一些传言，说什么"与他父亲塞提一世的作品相比，拉美西斯二世的建筑质量受到了影响"。别急着下结论，不妨在埃及这片伟大的黑土地上走走，到时候心中自有评判。

国王臣民

古埃及法老的职责无非是维护整个世界的秩序。对于凡人来说，维持社会平稳运转，是一项庞杂浩大的工程。甚至，哪怕是对于活着的神灵——法老，这项工程也未免过于繁杂，让人不堪重负。因此，统治者掌管着一个庞大的官僚网络，他们管理着地上的政治、经济和军事，并代表法老在神界履行神圣的职责。

法老权力金字塔的顶层是王室成员，最高职位称为"tjaty"，

官　僚

古埃及官僚经常拥有多个头衔或一连串头衔。例如，在图特摩斯三世和阿蒙霍特普二世统治期间拥有Rekhmire（宰相）头衔的官员包括维齐尔、底比斯市市长、档案大臣、宫廷总管、金银两库大臣、卡纳克总务大臣和机要大臣。法老还设立了几个祭司头衔，以及各种补充性称谓，例如"国王近臣""国库官"和"司法官"。

按后世伊斯兰世界的习惯，又称"维齐尔"（vizier，皇家最高长官）。这个位置与国王的关系是任何凡人都可能达到的。到了新王国时期，有两名维齐尔，一个负责监督上埃及，另一个负责监督下埃及（尼罗河三角洲）。维齐尔公务繁忙，可谓日理万机。维齐尔负责接收国家最高官员的报告，并且维齐尔不辞辛劳，每天早上都要晋见国王，报告国家大事。作为高级法官，维齐尔还要主持严重刑事案件乃至日常财产纠纷等各种法律诉讼。传统上，埃及官僚机构中有许多职位都是世袭的，维齐尔的首要工作就是直接任命王室成员。

维齐尔之下是其他一些重要的高级官员。例如，工程监理，

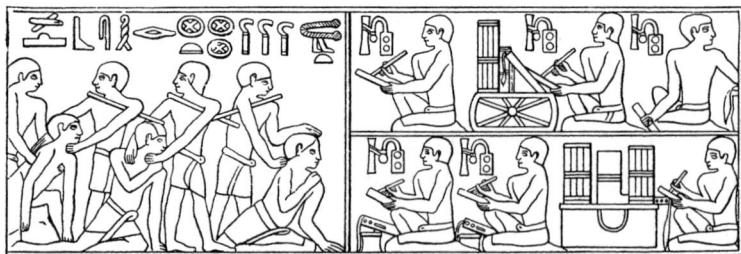

村长被问责时，财政部书记员负责核实和记录其渎职罪行

负责处理全国各地的官方建筑项目——寺庙、宫殿或古迹等。拉美西斯二世花钱大手大脚，四处大兴土木，他手下的工程监理整天忙得不可开交。地方一级，各个省份均设有地方行政长官——省长。这些官员必须向维齐尔禀报工作情况，如果办事不力或治理无方，则会被撤职查办。

古埃及头衔满天飞，很多人都有各种官方头衔，几乎遍地都是官僚。随处都可能遇到角牛监工、养蜂人、制鞋人或手鼓演奏者。王宫里有大量奴仆杂役和管事人员，负责服侍国王并维持王宫日常运转。在较低的阶层中，仍然存在一种精英主义的理想。人们坚信，"金鳞岂是池中物，一遇风云便化龙"，只要足够优秀，无论其背景如何，一定会受到赏识，步步高升。事实上，从一个小镇的助理书记官晋升到维齐尔级别官员的可能性微乎其微。对于底层百姓来说，如此崇高的一个目标也许是一个伟大的激励，但偏私观念和上流社会的裙带关系基本上决定了古埃及人的仕途上限。

埃及最有权势的官僚之一是国库大臣，其职责重大，必须确保埃及国内外巨额财富的入库和拨配。国库大臣之下，设有粮仓监工和田地监工。粮仓监工负责确保国家粮仓储备充

法 令

几十年前，在霍伦赫布统治期间，存在假公济私、官员滥用职权和税务人员作假瞒报等各种严重问题。法老在底比斯卡纳克神庙的一块大石碑上刻下了一部法令，肃清乱象，恢复秩序。据法令记载，任何官员，如果中饱私囊，窃取平民或国家利益，都会被砍掉鼻子，并被流放到东部边境的扎鲁等边陲小镇，终老异域。

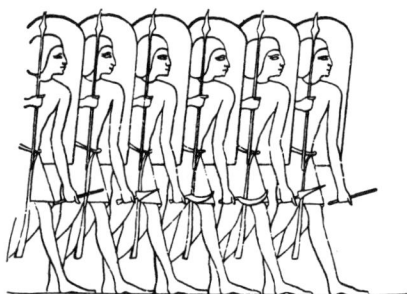

军队装备了最先进的武器装备，训练有素，随
时待命

足：由于粮食是埃及主
要的交换商品，粮仓相
当于一家中央银行，给
大量的官僚和某些机构
人员的眷属发放薪俸和
划拨各种其他费用。田
地监工负责征收私人、
国有或租赁农田的税收。

所谓"普天之下，莫非王土"，国王拥有埃及所有的土地，但实
际上普通人可以拥有、继承、买卖土地或从统治者那里获得土地
出让金。但是，逃避土地税是严格禁止的。官方的税务稽查员每
年都会前往埃及各地进行考察，要求民众向国家缴纳粮食、牲畜
或工作税。如果拒不缴纳税款，会被没收财产，或者作为一种惩
戒，要求其无偿为政府工作，做一些比较繁重的劳动，比如搬运
巨石。

威武军队

古埃及建立了一支强大而先进的军队，用来保障国家权力和
财富，保护国家免受外国入侵，并遵从法老谕旨，四处征战。埃
及在南部、西部和东部设有一系列的边防要塞，抵御"邪恶"而
"残忍"的努比亚人、利比亚人和亚洲人的入侵。法老本人亲征，
并授意一个儿子加入军队，率领军队参战。一旦凯旋，则会为自
己歌功颂德，吹嘘自己把敌人打得落花流水、尸横遍野。当时，

军队是一个高度专业化的组织：官僚机构对职业军官提供大力支持，许多军队得到大量奖赏和犒劳：土地补贴、牲畜、奴隶和外国战利品。但是，有些士兵是应征入伍的，也有大批外国人组成的部队是由战俘组成或从努比亚等地征募的。

> **军 队**
>
> 当时这支军队由大约2万名士兵和随行的后勤人员组成。基本组织结构：50人组成一个排，5排组成一个连。20个连组成一个师团，有4个师团，各5000人，由将军率领和监督。这些师团是以四个神命名的：拉神、卜塔、阿蒙和赛特。

无论来自哪个国家，埃及士兵都非常擅长远征作战。海军船只能沿着尼罗河运送军队，但偶尔也可以深入到迦南海岸等地。

马拉战车是埃及军队中最高效、最恐怖的武器之一

希望大家在古埃及旅行时能见到军队，尤其是在大城市和边境地区。

埃及士兵精通各种武器。如果是远距离交战，可使用弓箭和标枪，这些武器可以对敌人造成致命打击。近身搏斗尤其残酷，青铜斧、长矛、长剑和匕首可作为有效的砍杀和刺戳工具。普通的步兵不会穿厚厚的盔甲，但是用高韧性牛皮制成的盾牌可以提供一些保护。

埃及军队的精锐是战车御者。战车御者结合了现代技术、速度和奔马的力量，是军队中极富魅力的工作。战车的概念来自东方。埃及人以其人之道还治其人之身，利用这种工具击败了诸如赫梯人之类的东方劲敌。战车速度迅捷、机动灵活，战力恐怖。这些战车看起来很有趣，但千万别挡它的道；战车一旦发动，就很难停下来，被马和战车撞倒和碾过可能是埃及战争中更痛苦的死亡方式之一。而且，千万别搭车，战争实在太危险了。

通常来说，一辆战车由御者和弓箭手组成，偶尔也设有盾牌手，以保护双手驾车无暇自顾的御者。战车御者穿着由缝在紧身皮革胸衣上的黄铜鳞片组成的铠甲，偶尔还会戴头盔。（法老本人有时会被描绘成这样的形象：戴着蓝色皮革的"战冠"或头盔，从飞驰而过的

麦德察

麦德察（Medjay）是一个游牧部落，在下努比亚东部沙漠中游弋。多年以来，埃及人一直在选派和大肆招募经常合作的麦德察人作为侦察兵、特种部队战士和警察。他们素有骁勇善战之名。

战车中射出利箭。）
战车的维护成本非常
高，需要经常维修
车辆并对马匹进行专
业护理。如果你从东
部经过边境要塞扎鲁
和附近的拉美西斯城
抵达埃及，可能会注
意到马厩和武器工厂
人流如织，正在准备
下一次军事行动。是
不是被吓到了？那就
好，这正是我们想要的效果。

武　器

凯佩什（khepesh）战刀是埃及军械库中最犀利的兵器之一。这种战刀的青铜刀片形状像镰刀或弯刀，非常适合在激烈的战斗中砍削头部和四肢。计算敌人的死亡人数时，这种锋利的武器无疑非常方便。战斗之后，敌人的手和其他身体部位往往堆积如山，彰显出埃及军队的可怕力量。只要计算堆积的手的数量就能准确评估敌方人员伤亡情况。不过，把这两样东西都扔到人肉堆上，堆得越高，代表敌军伤亡越大，法老拉美西斯越兴奋。

游历孟斐斯

现在，你对埃及统治者的权力及其政府的复杂性有了深入了解，可以开始游赏孟斐斯了。参观宫殿、寺庙和集市，思考这座城市的历史意义，并感受其富丽堂皇、世界文化融合和宗教氛围。尼罗河微风轻拂，驱散了正午的炎热。大家可以感受到独特的风光、声音和（通常刺鼻的）气味。

五　金字塔

左塞尔的地标·胡夫的杰作·狮身人面像·国力
式微·丧葬·永生

　　从伊乌努城向孟斐斯行驶，不由得会注意到西边壮观的象牙
色山脉。这些就是埃及著名的金字塔，名闻遐迩，堪称举世瞩目
的伟大奇迹。这些金字塔真的很令人吃惊，再次提醒人们，埃及
人有高超的工程技术、精神上的献身精神和组织大量人口的能
力。即便是在遥远的拉美西斯二世时代，金字塔也已经非常古
老。最大的胡夫金字塔建造于拉美西斯二世时代之前约一千四百
年。一系列古老的金字塔沿着西部沙漠的边缘从北向南延伸几十
英里，这是一部由巨石堆砌起来的古埃及史。历史早已湮灭，只
留下这些斑驳的石头，诉说着岁月的沧桑。

　　金字塔的形状充满神话色彩。传说创世之神阿图姆从原始之
丘诞生。从这个意义上说，金字塔的形状类似于伊乌努城阿图姆
神庙中的古老本本石。金字塔也朝着太阳延伸耸立，因此为已故
的法老构筑了一个精神阶梯，使其灵魂冉冉升空。然后，法老与
太阳神拉一起穿越天国，下降到冥界。

　　为了追溯金字塔的建筑物理结构创意源泉，需要回顾大约两
千年前埃及国家的起源。最早的埃及统治者大部分被埋葬在阿比
多斯南部，如果继续向南前往瓦塞特（底比斯），可以看到这些
墓葬群。这些墓穴的上部是大型长方形泥砖结构，顶部有沙堆；

墓室位于地下，是一个刻在基岩上的地下室。这些相对简单的建筑结构延续了几个世纪，偶尔略有变化。然而，在第三王朝，一位名叫左塞尔（Djoser）的国王在塞加拉（Saqqara）建造了一个革命性的墓葬群，引领了未来陵墓建筑潮流。

左塞尔的地标

塞加拉墓葬群是宏伟的孟斐斯王室和贵族陵墓的一部分，沿着西部沙漠顺这座伟大城市的南北方向延伸数十英里。塞加拉可能以孟斐斯崇拜的墓地守护神索卡尔（Sokar）命名，自埃及统一以来，一直被用作墓地。塞加拉有 11 座国王金字塔，几座附属的"女王金字塔"和成百上千的高级幕僚陵墓。尽管后来埃及法老另择他处建造墓地，但塞加拉附近仍有人不断修建贵族陵墓。

塞加拉的左塞尔陵墓创新之处在于：左塞尔并不满足于普通的长方形墓穴，而是将六个长方形墓穴结构（也即"马斯塔巴"）相互堆叠，扩大自己的墓葬纪念碑，形成了阶梯金字塔。泥砖被方石代替，此类构造可谓前所未有，并且可能是当时世界上最

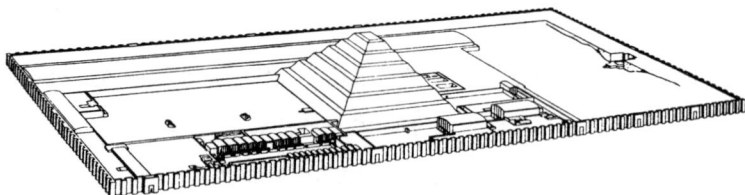

左塞尔在塞加拉的"阶梯金字塔"建筑群是用巨石构筑的恢宏纪念碑

大的石头建筑。阶梯金字塔高达 60 米，从孟斐斯城眺望金字塔，高耸入云，巍峨壮观。如果想近距离观赏这座令人叹为观止的纪念碑，则要从孟斐斯向西前行，然后登上风沙弥漫的高原。一个人从喧闹繁华的大都市来到空旷肃静的死者之城时，这种对比实在过于强烈，内心想必思绪翻涌。登上高原后，可以看到庞大的墓葬群，还有远方的金字塔，沿着南北方向不断延伸。这是一场穿越时空的精神洗礼。

虽然阶梯金字塔足够令人惊叹，但它只是左塞尔墓葬建筑群的一部分。阶梯金字塔四周有围墙，形成一个 0.15 平方公里的内部庭院。庭院内有许多模拟建筑，即模仿官僚机构和其他现实世界建筑的石头结构。建造这些设施的目的是促使法老抵达来世，使他可以永生不朽，并为左塞尔来世的行政治理服务。甚至还有一个空阔的广场，法老的灵魂可以在这个广场上进行塞德节祭典，庆贺自己重获新生，直到生命的尽头。（左塞尔尤其渴望重生。左塞尔仅仅在位十七年，从未举行过传统的三十周年重新加冕仪式。）

除了金字塔本身之外，整个陵墓最令人印象深刻的特征可能是环绕整个建筑群的巨大石墙。墙体由石灰石制成，并饰有手工雕刻的凹板装饰，全长达 1645 米，结构仿照宫墙。不妨绕着围墙走走，窥探它的全貌。墙上有 14 道门，但是只有东南角的一个入口是真实的，其余都是假门，估计是法老进入来世的通路。

左塞尔的金字塔建筑群极为古老，几乎被遗弃了。如果你还能找到这个金字塔建筑群，说服那些陵墓守卫，放你入内，沿着庭院石墙四处漫步，看到陵墓的规模如此宏大，其石雕如此

建筑天才

左塞尔的独创性墓葬群设计应归功于一位伟大的建筑师，他就是伊乌努城的大祭司伊姆霍特普（Imhotep）。直到许多个世纪之后的今天，伊姆霍特普的建筑天才仍然备受赞誉。此外，他还是天才的文士和医生。伊姆霍特普已经完全被神化了。托勒密王朝时期，曾在菲莱岛上建造过祭祀伊姆霍特普的神庙，供人膜拜。

精绝，必定会心生敬畏。如果绕到金字塔的北侧，会发现一座小型石头建筑，大约与眼睛水平的位置，有两个孔。如果透过这两个孔，看看庭院内部，会有一种毛骨悚然的感觉：左塞尔就在庭院的某处，凝视着你！定下心神后，你才会意识到，原来它只是一座逼真的法老像。墙上的那两个孔并不是为你穿凿的，而是供左塞尔观望外面的世界。

胡夫的杰作

下一个王朝（第四王朝）的统治者将金字塔建筑推向了顶峰。如果从萨加拉望向沙漠南部，可以看到远处的一些早期建筑"实验"，尤其是古埃及第四王朝的创建人斯尼夫鲁，在斯尼夫鲁治下，金字塔的建造结构发生了重大的改革。但是，想要观赏人类历史上最伟大的金字塔建筑成就之一，则必须租用一条船顺流而下，抵达孟斐斯以北约22.5公里处的吉萨金字塔群。在这个金字塔群，耸立着斯尼夫鲁之子胡夫的金字塔。这座金字塔就是举世闻名的"胡夫金字塔"。这座高耸的建筑物如今略显斑驳暗

吉萨高地上的胡夫大金字塔已被遗弃，但证明了古埃及人的创造力。金字塔是古代人类智慧的宏伟见证

淡，却曾在古埃及世界散发出耀眼的光芒。尼罗河上下有无数令人印象深刻的纪念碑，但这座金字塔规模巨大，气势雄伟，结构精确，堪称人类建筑史上的丰碑。

像萨加拉一样，吉萨高地的大部分遗址现在基本上都被废弃了。可能有人会主动给你做向导，告诉你关于这些遗址的各种传说和信息，但很多都是以讹传讹，不可全信。胡夫金字塔已有一千四百多年的历史，年代久远，很多事情根本无从考证，但并不妨碍有人执着于此，追溯考察。

建造金字塔所需的技术水平，与金字塔本身一样无与伦比、令人叫绝。在胡夫有生之年，可能需要两万至三万名成年男丁完成这项工作，耗时可能长达二十五年。仅仅采石，就是一项浩大的工程。尽管大部分的石头都来自金字塔附近的石灰岩高

关于胡夫大金字塔的一些资料

四个面正对东、南、西、北四个基本方向，倾角约为51度。

◆ ◆ ◆

塔基边长230米，占地约0.052平方千米。

◆ ◆ ◆

粗略估计，整个塔身由230万块巨石堆砌而成，甚至远远超过这个数量。

塔身高达146米，直入云霄。在公元516年（北魏熙平元年）永宁寺塔（塔高147米）建成之前，胡夫大金字塔一直是世界上最高的建筑物。

地。整个河道上都有优质的石灰石，据说内部使用的花岗岩来自约1000公里以外、埃及南疆的苏努（阿斯旺）。

建造金字塔采用了坡道和杠杆系统，以移动和抬升石头。这种运石团队不仅需要强健的体力，还需要精密的协调，随着金字塔越垒越高，将沉重的方石移动到位。除了切石工和拖石工，还必须有大量的后勤人员，为工人提供面包、啤酒、医疗护理和其他服务。需要建造一个临时性城镇，供该项目的所有参与者生活和休憩。人员、建筑材料和其他物资都需要靠近建筑工地，通过运河和一个人工港口进入尼罗河。国王作为金字塔的终极监工，在附近也有一座宫殿。为了建造金字塔，这片土地曾经熙熙攘攘、忙忙碌碌。如今，环顾吉萨高地，只剩下一堆废墟。所有的喧嚣和汗水，都消散在历史的长河里，了无痕迹，让人不胜唏嘘。

当然，胡夫金字塔绝不仅仅是一堆石头。据说金字塔有几个内部通道和房间，无疑同样宏伟，这是法老的墓地。与埃及许多金字塔一样，大金字塔并不是孤立的建筑物，而是伴随着一系列复杂的相关结构。金字塔建筑群的主要部分包括两座胡夫法老的

希罗多德

大约750年后，希腊历史学家希罗多德（Herodotus）游览埃及，记录了胡夫［希腊人称他为基奥普斯（Cheops）］建造大金字塔的一些传说故事。根据希罗多德的说法，基奥普斯是一个暴君，迫使劳苦大众在金字塔上工作了三十年，"人民叫苦不迭"。希罗多德称，建筑工人伙食粗劣，只能吃上大蒜、洋葱和萝卜。工人们怨声载道，干起活来自然心不甘情不愿，花了十年的时间才修建好了拖石头的道路。建造金字塔耗资巨大。金字塔还远未完工，法老的财库就见底了。他四处搜刮，但举国资源已经用竭。据希罗多德的记载，走投无路之下，邪恶的胡夫甚至让女儿卖身敛财，筹集资金。这个故事实在荒诞不经。那些向希罗多德讲述金字塔故事的人，可能是"自由历史学家"之一的后裔。直至如今，这些人还蛰伏在吉萨高地附近，随时从黑暗中冒出来，向游客兜售关于金字塔的各种诡谲传说。

祭庙。一座在金字塔东侧，供祭司盛放供品。另一座则位于尼罗河河谷。还有一条高于地面、连接两座祭庙的甬道。

在金字塔的东侧，还有三座小金字塔，分别为胡夫的母亲和两个皇后而建。在西面和东面附近是一排排古埃及官员的墓穴。这些墓穴的长方形石头上部结构类似街道上排列的石块。死者被埋葬在地下墓穴中，但地面上是小教堂，虔诚的游客可以在石头雕刻的假门前献祭。据说，这扇门可让死者的灵魂从死者之地进入生者之地。即便实物祭品停止上供，也有补救方法。这些小教堂的墙壁上雕刻着各种虚拟祭品，刻画了今生和来世所有可能需要的场景。这些类型的墓穴非常丰富，几乎在任何金字塔建筑群周围都能找到，但基本上被遗弃了，无人看管修缮。不妨带着一份虔敬参观这些小教堂，这个时代的埃及更为古远，其生活场景一览无余。当时埃及文化在许多方面都与拉美西斯二世统治时期一样丰富多彩。漫步在这些墓穴的迷宫中，根本不用担心迷路；胡夫金字塔如此宏伟，可以让你始终保持方向感。

胡夫金字塔附近是他的儿子哈夫拉（Khafre）的金字塔。哈夫拉金字塔的外观与胡夫金字塔一样恢宏，乍一看可能还更高。当然，这是一种错觉，哈夫拉金字塔地基更高一些罢了。这座金字塔的名字为"Khafre is the greatest"（哈夫拉的伟大空前绝后）。看来，哈夫拉在跟父亲较劲，想建造一座最高的金字塔。不妨绕着哈夫拉金字塔走一遭，欣赏它的雄伟和壮美，然后跟胡夫金字塔进行对比，看看父子俩谁是最后的获胜者。到达哈夫拉金字塔南侧后，再往前走，就来到了第三座大金字塔：哈夫拉之子孟卡拉（Menkaure）的金字塔。与附近的两座大金字塔相比，孟卡拉金字塔看上去有些小巧，但这座金字塔在美感和细腻上下了番功

胡夫之子哈夫拉的宏伟金字塔与父亲的金字塔比邻而建。哈夫拉金字塔建在吉萨的最高处，看上去比胡夫金字塔要高

夫。金字塔有十几排外墙砖，由红色花岗岩雕琢而成，是从南方几百英里外的采石场进口的。

说来，这真是一个悲伤的故事。法老在这些宏伟的金字塔上花费了无数的时间和精力，但到头来毫

盗墓者

洗劫金字塔没那么容易。入口隧道被巨石堵住。这些巨石的设计初衷就是为了阻挡甚至压死未来的盗墓贼。但人类的贪婪能够激发出可怕的力量，即便是法老精心设计的机关也徒呼奈何。如果你在吉萨周围漫步，可能会注意到金字塔北面的入口，这些入口之前被封死了，而且极为隐蔽。如今，入口的墓碑已被盗墓者偷走。

无意义，白忙一场：没有一座金字塔能真正保护埋葬其中的统治者免遭盗劫。这些盗墓者甚至有可能毁坏木乃伊。如今，这些古老的金字塔和周围的墓地，不过是一堆被时光遗弃的废墟。祭司不再为斯尼夫鲁、胡夫或其他任何法老举行任何日常仪式。实际上，内战之后，金字塔神庙和甬道上的石头已被其他法老窃取，作为自己的陵墓材料，从而加强墓葬结构。也许法老们一直秉持这样的信念：活着的荷鲁斯的财产属于继任者。拉美西斯二世不会被埋葬在金字塔中。自从希克索斯被驱出埃及以来，拉美西斯二世和之前的法老都葬在底比斯不远处的一片荒无人烟的秘密峡谷，也即"帝王谷"。

狮身人面像

除了金字塔，埃及最吸引人的地方之一就是哈夫拉的狮身

吉萨的狮身人面像半神半狮，彰显了古埃及统治者的力量

人面像。这座庞大的雕塑位于胡夫和哈夫拉金字塔下方的山坡上，靠近哈夫拉金字塔的河谷神庙。狮子是自然界最强壮的动物，狮身人面像的狮子身体代表"武力"，法老头像代表人类的"聪明智慧"，两者合一就是武力与智慧的结合体。雕像的头部是采用突出的石灰岩露头雕刻而成的，其狮身则是从周围的岩石中挖掘而成的。孟斐斯墓葬群最终被废弃，数千年来，这座雕像被沙掩埋至肩部，在撒哈拉沙漠中只露出一个奇异的头颅。

然而，在统治者的最后一个王朝（第十八王朝），一位法老对狮身人面像进行了修缮。狮身人面像的双爪之间立了一块刻有铭文的大石碑，这就是所谓的"记梦碑"。据记梦碑的记载，在一次打猎活动中，年轻的图特摩斯王子在被黄沙埋至脖子的狮身人面像头下休息。他很快就睡着了，并做了一个梦。在梦中，狮身人面像跟他说，如果能清除雕像周围的黄沙并进行修复，他将成为下一任法老。狮身人面像的铭文写着：

> 你将成为我的保护者……我所属的旷野之沙已经到了我这里。你要归向我，照我所求的行迹，因为你知道

你是我的儿子，是我的护卫者。你到这里来，看哪，
我与你同在，我是你的首领。

黄沙被清除了，他的父亲、伟大的阿蒙霍特普二世过世后，年轻的图特摩斯王子继承王位，成了埃及的新统治者：图特摩斯四世。狮身人面像现在被奉为太阳神赫鲁埃姆阿克特（Horemakhet），而拉美西斯二世继续维护着一座供奉他的神庙。

国力式微

胡夫金字塔这样的大型建筑项目不仅耗尽了石工的精力，也耗光了埃及的国库，国家经济不堪重负。大金字塔的建造在第四王朝达到顶峰，例如斯尼夫鲁、胡夫和哈夫拉。此后，即使是哈夫拉之子孟卡拉，其建造的金字塔规模也急剧缩小。吉萨遗址似乎被真正的大金字塔所占据，第五王朝统治者向南迁移到另一个建筑工地，最终返回旧地塞加拉。如果你在参观完吉萨雄伟的巨石金字塔之后再去参观塞加拉墓葬群，其规模的对比愈

延伸阅读

拉美西斯二世的长子卡蒙瓦赛特对过去特别感兴趣，他清理了废墟，并在孟斐斯和其他地方的墓地识别他的皇家祖先的历史遗迹。作为卜塔的大祭司，他负责阿匹斯神牛崇拜仪式，并在塞加拉建造了一个地下墓穴，存放公牛的遗骸。如果他能活得比他父亲长寿，也许他将成为下一任上下埃及统治者。

（批注：这只是假设而已。）

精美的棺材、美丽的神龛和许多哀恸的哭丧人送别了一位富有的埃及人

发明显。在左塞尔的大阶梯金字塔群附近，有三座小型纪念碑，分别是第五王朝和第六王朝统治者乌瑟卡夫（Userkaf）、乌尼斯（Unis）和特提（Teti）的金字塔。与庞大的吉萨金字塔相比，塞加拉墓葬群就像广袤沙漠中的小土包。

在塞加拉墓葬群建造的最后一座金字塔是佩比二世的金字塔。佩比二世是第六王朝统治时间最长的法老。此后，埃及经历了长达一百三十年的内战。战火连绵，民生凋敝，各位王位继承者很难再抽调足够的人力物力建造大型金字塔。即使在埃及统一之后，金字塔的规模和质量也远远不如吉萨的三座大金字塔。

如果你走过旷野，走过这些名扬天下、摄人心魄的金字塔，沙漠正在渐渐将这些古埃及的建筑奇观一点点湮没，脑海里不妨想象一下它们在那些过往繁盛年代的样子：荣光、庄严而令人尊崇。在塞加拉或吉萨，如果可以进入的话，别忘了参观一些坐落在长方形石头墓穴中的贵族空墓小教堂。教堂里有很多壁画，描绘了埃及人的生活场景。在许多方面埃及文化一脉相承，古今有很多相似之处。尽管逝者无法在宗教节日出现，不再与心爱的人一起吃饭。

丧 葬

参观了塞加拉和吉萨的宏大墓葬群后,埃及重视丧葬的程度应该给你留下了深刻印象。这种对死后的关切不仅适用于拥有宏伟金字塔和墓室的统治者,也适用于普通的埃及民众。身体停止运转后,只要对死者进行精心照料和呵护,生命就不会结束。局外人可能认为这种行为非常怪诞,不过,如果了解支撑这种行为的信念体系,也许你就会改变看法。埃及人不相信人只有肉体,或者只是肉体和灵魂的结合体。古埃及人认为,人是由实在的肉体和精神组成的。人生来就有的护身魂,与人的相貌完全相似,也就是人体被光照射出来的影子,称为"卡"(kais)。"巴"(ba)代表人的个性,居住在人的身体里。此外,影子和名字被认为是埃及人的重要组成部分。

埃及人相信,人的肉体死亡时,死者的灵魂不灭。为了使一个人永生,就必须使"卡"和"巴"在坟墓里的木乃伊中重聚。坟墓为"卡"和"巴"提供住所,并充当人界与冥界之间的连接。在木乃伊化的过程中,死者也被转化为神,这与奥西里斯复活时的过程一样。

墓穴的规格形状,因人的身份和财富而异。对于大多数生活枯燥乏味的劳动

灵 魂

通常,在埃及神话中,"巴"是代表灵魂的人头鸟身怪。一般情况下人类无法看见"巴"。只有在人临死之前,它才会从空中飞落下来,并在人死亡的一瞬间深入到死者的灵魂里,然后带着灵魂一起飞向天空。一些埃及人会将候鸟解释为灵魂飞升。

简直暴殄天物！

埃及人去世后，要准备大量贵重的陪葬品，不明就里的人肯定会对此大加贬斥，惊呼："简直暴殄天物！"并非只有外国人持这种观点。这种陪葬习俗带来了严重恶果，盗墓事件层出不穷。千万别心头一热，想要"借"任何陪葬品捎回家"给乡亲们看"。对盗墓行径的惩罚极为残酷，审讯人员会残忍地笞打嫌疑人的脚底，拧转其四肢，逼迫对方招供。惩罚包括断肢、苦役。如果洗劫王公贵族的陵墓，甚至会被活活刺死。即便如此，还是有无数盗墓者趋之如鹜。一旦洗劫得手，就能一夜暴富，拥有大量黄金、白银、宝石、优质亚麻布和油。

者来说，他们的坟墓可能只是沙漠郊外地下的一个洞，尸体被裹卷在垫子里，随葬物品也很简单，要么是日常用品；要么是具有纪念意义的东西，比如梳子和镜子，用来梳洗打扮；或者啤酒和面包，用来维持基本生活。这些仪式是为了在人死后供养"卡"，如同生前，不会有很多痛苦。有钱人可能会花费数年时间兴建陵墓。陵墓上方有小教堂，而墓室则在下方。小教堂的墙壁上描绘出一幅美好的来世图景，并配备了象征性的、讨"卡"欢欣的供品。可以将精美的棺材和各种舒适的生活必需品葬入墓室。在形形色色的陪葬品中，有一种叫沙伯替（Shabtis）的仆役俑，供已故的法老差遣，干各种日常杂事。

给尸体防腐是门技术活，不仅需要长期的实践，还需要强大的内心，受得了尸体的腐臭味。木乃伊有各种等级，等级不同，花费不同，全看死者的身份和家底。如果是普通人家，为了省钱，通常都是随便在沙漠上挖个洞，草草埋葬。沙漠炎热干燥，运气好的话，死者的尸体可能会在土壤或沙子中自然干燥，得以保留下来。然而，人工木乃伊是由熟练的尸体防腐师制作的。防腐师擅长将腐烂的尸体进行处理，让其同在世时一样。

对这类技术痴迷的游客可以去参观防腐作坊。不要指望任何当地人会自愿陪你去参观；防腐师这门职业并不稀奇，但普通人多少会有些忌讳，避而远之。作坊里多半摆着几具正在实施防腐工序的尸体。你可能会看到一块或两块带有排水口的石板，为制作木乃伊进行初步准备，旁边放着许多装满泡碱的白色大罐子。有些桌子上放着覆盖着脱水剂的被掏空的尸体，桌子底下则有一些装着内脏的罐子。装饰华丽的桌子是用来包裹木乃伊的。一位祭司戴着面具，代表着防腐之神阿努比斯（Anubis），在制作完成的木乃伊上念咒语。如果幸运的话，甚至可以看到刚建造的华丽棺材，随时准备出殡。

大多数人工木乃伊都需要掏空内脏并进行脱水干燥处理。工匠用一根很细小的长柄勺从鼻孔里伸进大脑将脑浆舀出来。在腹部一侧切口取出内脏。古埃及人把心脏看成是智慧和情感的象征，会将其留存在体内。其余的器官放在一边，保存在罐子里。每个罐子都有盖，盖上画着保护神，然后与木乃伊一起放在陵墓中。取出内脏后，整个尸体都被置于泡碱粉中静置两个月。泡碱是一种自然脱水的矿物化合物，主要来自西北沙漠的一个古老干涸的湖床。

还有其他工序确保尸体"外形美观"，比如，用亚麻布塞住鼻子并用油脂擦拭皮肤。如果尸体处理得好，恍若生前的样子，

反面忏悔

有钱的埃及人可以购买一卷莎草纸，上面写着帮助死者顺利到达来生世界所需的祈祷文、颂歌、咒语和诗文。在这本《亡灵书》的大量章节中，提供了各种辩词，应对各位审判之神。这是"反面忏悔"中的一个范例，死者否认参与任何非法活动：

我从未杀过公牛，那是上帝的财产。

◆ ◆ ◆

我从未诽谤中伤过他人。

◆ ◆ ◆

我从未与别人的妻子有染。

◆ ◆ ◆

我从未抢夺孩子的粮，也从未藐视我城的神。

◆ ◆ ◆

我从未恫吓他人。

◆ ◆ ◆

我从未往来传舌。

◆ ◆ ◆

我从未骄纵傲慢。

◆ ◆ ◆

我从未偷盗祭品。

◆ ◆ ◆

我从未横抢硬夺。

◆ ◆ ◆

我从未强占耕地。

◆ ◆ ◆

我从未窥探他人隐秘。

在体内居住的"卡"会有强烈的熟悉感和归宿感。尸体通常用亚麻布包裹，有时会用珠宝和护身符装饰，然后放入棺材中。建好坟墓之后，就可以举行葬礼了。

若是为一个富裕或有声望的人送行，通常会举行各种游行，其中包括雇用专业的妇女哭丧队。这些"送葬者"的诡异声音可能会惊扰游客，但你可以远远观看这一异域风情，甚至可以混入送葬队伍，一起参加游行，近距离感受古埃及的葬礼文化。人们将棺材抬入坟墓礼拜堂或用滑车拖进去。由一位殡葬祭司主持

死者的心脏会被称重。这时吞噬怪（Devourer）躲在黑暗中饥渴地看着，随时准备吞噬"恶"的心脏。如果死者家庭经济宽裕，会购买《亡灵书》。这本书提供了必要的线索，可以在审判中幸存下来，让死者在来世获得幸福的生活

仪式，有时还会有讲道祭司陪同。殡葬的高潮是"张口"仪式，使死者来世还可享用美食。在这个过程中，木乃伊被隆重地复活。整个仪式完成后，棺材和随葬品被放进墓室里，然后墓室被密封起来。死者的家人会定期来到小教堂供奉祭品。如果出现意外情况上供中断，死者也可以享用实际的和象征性的供品。如果一切圆满，死者的"巴"和"卡"会共同组合成"阿赫"（akh）。"阿赫"是精明强干的灵性，是不朽的自我。

永 生

一个人死后，即便陪葬了价值数千德本的珍贵物品，也不

足以保证一个人得到永生。古埃及人认为人生由生界和冥界组成，他们相信人死后会进入冥界，遭受审判。死后，死者的灵魂必须首先穿越可怕的水域和地下洞穴，那里充满了陷阱和骗子。因此，富裕的埃及人死后会被包裹在一卷纸莎草中，其中包含成功穿越重重关卡的指示。

凭借好运气和旅行指南，死者的灵魂最终到达冥界之王奥西里斯掌管的审判厅，由其判断死者灵魂的善恶，然后决定使其复活还是使其毁灭。死者会被讯问，可以据理力争。文书之神托特（Thoth）负责记录审判程序。每个亡灵都要经过审判之秤。天平一端是死者的心脏，另一端是"玛特"的羽毛（代表真理）。若死者的心脏与羽毛重量相当，天平平衡，就可以得到永生；若心脏比羽毛重，则会被吞噬怪吃掉，然后将死者打入地狱。吞噬怪是一种丑陋恶心的"四不像"，长着鳄鱼的头、狮子的前肢和河马的后腿及后臀。

令人振奋的是，你现在可以重拾心情，欣赏你在尼罗河上游旅行时遇到的墓地。每天傍晚，金乌西坠，落入那死者之地，你可以像当地人一样理解埃及人对死亡的看法，并期待黎明旭日东升，而人间，也因此获得"重生"。

六 埃及民众

埃及民居·家庭生活·教育·爱情与婚姻·劳作·娱乐和游戏

　　如果你的情绪一直沉浸在埃及宏伟的金字塔里，很容易就会有这样的一种印象：法老和他的臣子是整个埃及的生活主旋律。作为一个来访者，你难免会被表象所迷惑；也许，在节日或法老与他的皇家随从人员游览这片土地时，你能远远地看一眼法老。但是，要真正了解埃及，就必须了解普通的埃及人。如果对方愿意，可以待在他们家里，参观他们的村庄和田野，感受他们的日常生活。这可能是整个旅途中最有意义的环节。准备探访埃及普通人家之前，不妨事先了解一下大多数埃及人对日常生活和文化的见解。

埃及民居

　　沿着尼罗河走到下游，可以看到各种类型的埃及民居，有些是孤零零散落在田野和庄园中，还有些则较为密集，形成了村庄和城镇。在许多村庄中，房屋彼此挨得很近，看起来压抑且不太舒服，并且被狭窄的街道和小巷隔开。在河边，可以留意沼泽边粗陋的牧民棚屋，这些棚屋随着季节变化而被用于居住或者被废弃。

埃及的村庄到处都是拥挤不堪的小房子，毫无隐私可言。随便哪个陌生人闯入村庄，都会引起人们的关注

　　普通劳动人民通常住在泥砖墙、木质平屋顶的小房子里。尽管这种房子非常简陋，但泥砖房屋建筑中使用的材料可让房屋冬暖夏凉，即便遭遇极端气候，也可为埃及居民提供有效保护。埃及人的住所大都极为狭窄。如果有人邀请你走进某幢房子，你最好"缩手缩脚"，不然很容易撞到东西。内部空间甚至可能只有3米宽、7米多长，包括客厅、储藏室和卧室，可谓麻雀虽小，五脏俱全。正屋实在太拥挤了，施展不开，女人们只能在后面的小院子里煮饭洗碗。整个村镇就像一堆紧挨着的鸟巢，鸡犬相闻，邻里之间毫无隐私可言。阶层更高或者拥有头衔的人，居住条件好得多，更华丽，也更宽敞。许多有钱人住着两层豪宅，花园里种满了果树，有些更阔绰的人家甚至还有景观游泳池。用人通常住在附近，也有一些住在主人的房子里。

　　皇宫的建筑形式自成体系。尽管皇宫为法老的生活带来了巨大的感官愉悦和方便舒适，但令人惊讶的是，许多宫邸也是用泥砖建造的，跟建筑工人的民宅没什么区别。木质结构的天花板是用柱子支撑的。但是，埃及的建筑师和工匠才华横溢，他们粉刷墙壁、铺上地板，并加入其他各种奢华元素，这些泥砌宫殿顿时

埃及富人的住所都经过了精心设计，奢华气派，周围是花园和游泳池，需要专职人员进行维护

脱胎换骨，显得宏伟壮观。

　　黎民百姓的民居固然不容错过，富贵人家的宅第同样值得一看。一个受过良好教育的上层阶级家庭可能对你身上的异域情调同样颇感兴趣。如果你拎着一些礼物，东家肯定会笑脸相迎，待如故友。当然，别指望能住上什么奢华的床榻；东家甚至可能随便在地板上铺个垫子，就算是你的卧榻。别懊恼，权当这就是他们的好客之

枕头

普通的埃及穷人，通常睡在客厅地板草垫上。如果是名门贵族，则可以优哉游哉地躺在四足床上，床板表面是精美的编织物。外国游客可能会对埃及人的"枕头"有些好奇。这种枕头实际上是一个支撑后脑勺的头垫，有缺口或经过艺术修饰，可能为木质，也可能为石头或者象牙材质。这种枕头又硬又重，千万别拿枕头乱扔、嬉闹，这种"枕头大战"可不是闹着玩儿的，一不小心就会伤及他人。

道。不过，很快你就会感觉到浑身不自在：一两天后，整个村庄都会注意你的一举一动，七嘴八舌，评头论足。

家庭生活

随便走进一个简朴的埃及泥砖屋，都能看到庇护住所的一些护身符和男女神像。初来乍到，看到这些画像，多半会大吃一惊，心生惧意。但是，对于埃及人来说，这些神像慈悲友善，一如亲友。千万别拿画像诸神古怪的外貌乱开玩笑。例如，青蛙女神海奎特（Hekat），负责监督分娩。埃及人认为，海奎特会在怀孕和哺乳期间庇护女性。海奎特的头和身体像河马，尾巴像鳄鱼，四肢像狮子，腹部隆起，乳房下垂。三个女性庇护神中，贝斯（Bes）可能是外形最可怕的。她是矮人之神、丑陋之神，面如怒狮。通常被描绘成戴着羽毛头饰，伸出舌头。贝斯会保护婴儿健康成长，她的形象经常被刻在日常用品上，驱除恶魔，消解灾难。

河马女神塔沃瑞特（Taweret）虽然相貌丑陋，但她会保佑孕妇及新生儿

给孩子取名是整个家庭的

大事，父母往往慎之又慎。埃及人名字解读：在埃及语中，Nofret 意为"美人"，适合可爱的女孩子；Nahkt 则意为"强壮"，适合男孩子；Panehsy 意为"努比亚人"，可能反映了婴儿的黝黑外表或真正血统。人们给孩子取名的时候，经常把

取 名

埃及人的名字被认为是其生命的重要组成部分，名字的意义，绝不仅仅是为了区别彼此的身份。它成为个人永恒存在的一部分；没有名字，人死后就会消失，无法永生。埃及人流传着这样一句话："使名永生"，他们秉持一种信念，认为名字可以使死者的记忆永存。按照这一说法，法老痴迷于建造金字塔，到处镌刻自己的王名，希冀能够借此永生。相反，一些前朝法老传留在各种遗迹上的王名，会被后世法老抹去，意图阻断这些法老的永生之路。这些不合时宜的法老包括哈特谢普苏特和阿肯那顿（见第七章和第八章）。

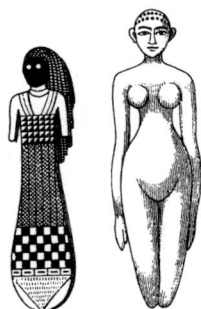

人名与神名结合在一起。例如，Amunnakht 意为"阿蒙神是强壮的"，而 Amunhotep 意为"阿蒙神是仁慈的"。Amenhotep（或 Amunhotep）也是古埃及第十八王朝几位法老的王名，因此，这个名字尤为流行。有些孩子会取宠物名，例如 Sitra（拉神的女儿），这是鱼的名字。在埃及旅行时不妨给自己取一个埃及名字，以示留念。你可能会想方设法融入当地人的生活，你皮肤晒得黝黑，反穿着亚麻短裙，说自己名叫

在外国人看来，埃及的玩具有些稀奇古怪，但当地的孩子们习以为常，乐此不疲

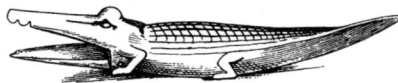

Neferhotep，但他们一眼就能识破你的"诡计"，看穿你是个外国人。在他们眼里，你的模样实在滑稽可乐。

就像在世界其他地方一样，游戏伴随着埃及人的成长历程。周围玩耍的孩子，自然希望你对他们的游戏和玩具大感兴趣。女孩子喜欢玩一种常见的扁平桨形玩偶，而男孩子则喜欢玩棍棒和球类游戏。许多孩子都喜欢养宠物，狗、猫和鸟是孩子们的最爱。

教　育

对于埃及的普通工人阶级来说，所谓教育，不过是父母的言传身教。男孩跟随父亲在田野上或作坊里学习各种技艺，女孩则帮助母亲做各种家务。但是，正规教育是上流社会男童的特权，他们上学是为了在国家官僚机构任职作知识和能力储备。偶尔也会招收一些来自底层社会的学生，一些贵族家庭的女孩也会跟随私人教师学习读写，但总的来说，埃及教育体系其实就是精英阶层的专利，只有一小部分人口识字。

埃及学校课程的核心是语文、交际和数学。考虑到埃及官僚必须处理的所有会计、土地测绘和建筑事务，数学是一门特别重要的学科。一些学生可能还会学习外语，例如迦南语、腓尼基语或巴比伦语（阿卡德语）。大部分学习方式是阅读、背诵和抄写经典文本。这些经典文本是为了给未来的专业人员灌输责任感和正义感。经过几年的培训，新上任的官僚开始实习，准备融入官僚体系。

如果参观一座学校，可以看到学生坐在老师面前的地板上，在旧陶器碎片或白色石灰石片上练习写字。学生首先学习草体（用于日常信函文书），然后学习正式的象形文字。必须严格遵守课堂纪律，如果注意力不集中，学生很可能受老师打骂。这种场景司空见惯，千万不要插手干预！

爱情与婚姻

　　尽管尼罗河风光旖旎，但并非理想的度假之地：旅行中，你根本遇不到什么独来独往的成年人。古埃及社会特别注重男性的婚事，早早就会催婚，逼其成家。工薪家庭的未婚男子可能十多岁就娶妻生子，若是名门望族，则成婚相对较晚，往往会等到孩子完成教育或专业培训后。女孩的结婚年龄通常在十二至十四岁。古埃及人不仅仅把婚姻视为一种社会责任，他们同样欣赏爱情的浪漫和求爱的戏剧性情节。下面这首爱情诗就是明证：

　　少女：
　　念及吾爱，思绪飞扬，
　　身如蚁爬，心如鹿撞；
　　手舞足蹈，无须伪装，
　　为你凌乱，为你痴狂。
　　何劳长裙，束缚身体，
　　何劳围巾，桎梏念想；
　　……流言蜚语，沸沸扬扬：
　　"因爱堕落，何其荒唐！"
　　纵使神往，莫毁形象，

我的心啊，切莫慌张！

少年：

美人在侧，满心欢愉。

拥你入怀，盈盈笑意。

我心澎湃，雀跃不已，

恰似池中，凌波红鱼。

人生圆满，只因有月，

时光静好，只因有你！

顺便说一句，如果听到恋人把对方称为"兄弟"或"姐妹"，切勿大惊小怪。这只是一种诗意的称呼，并不代表真正的家庭关系。根据古埃及的风俗习惯，表亲和继兄弟姐妹可以通婚，但是直系亲属通婚仅限于王室。埃及人通常一辈子只娶一个妻子，也只能娶得起一位妻子。但对于法老和贵族来说，并无娶妻方面的限制。

婚姻契约须经夫妻双方同意，还要经父母同意。夫妇任何一方均可提出离婚，当然，从经济上来看，这么做可能会造成严重后果。

至于你们自己的情欲，切记谨言慎行。在埃及旅行时，要安守本分。与已婚妇女通奸被视为严重违反道德和公共礼节，并违反了宗教行为准则，可能惹上官司或者个人报复。在古埃及，卖淫和同性恋都是忌讳。无论你做过什么，千万别口无遮拦、胡言乱语，尤其是外国人。

平民男性通常外出谋生养家糊口，而女人则是家庭主妇，抚养孩子、磨谷子、做面包。看起来，女性就像家里的奴婢，但实

际上埃及妇女权利并
不少。例如，妇女可
以拥有和控制财产，
在法庭上做证并起
诉，订立合同，或者
接受和继承遗产。忽
视女性作为妻子、母
亲和女儿的影响力，
后果会很严重。确实

> **忠 告**
>
> 阿尼（Any）是已故王后纳菲尔塔莉宫殿的一名文士，他就婚姻问题向年轻男性提供以下忠告：
>
> 且趁年轻，娶妻成家。韶华易逝，她要生养众多。
>
> 缱绻缠绵，无可厚非。
>
> 人丁兴旺的人有福了，他因子孙而受敬。

大多数职业和官职中都见不到女性的身影，然而，也有少数女性
在神庙中担任"女吟唱者"的职位。

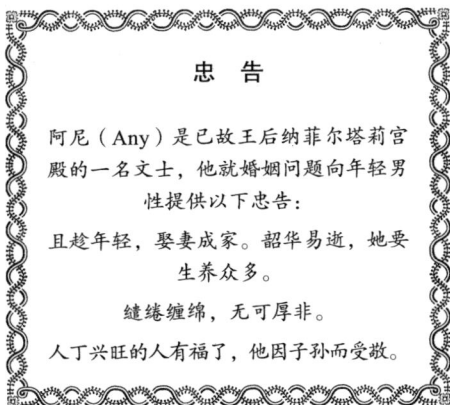

劳 作

在尼罗河逆流而上或顺流而下，看着一望无际的谷物和亚麻
田，局外人可能会觉得，这里的一切都比故乡更为赏心悦目、与
众不同。对你来说，这可能是埃及田园诗般的乡村生活，但对大
多数埃及本地人来说，他们只是为了养家糊口而在这片黑土地上
辛苦劳作。除了锄地、播种、收割等基本农活外，还要维护灌溉
渠、给田地浇水，事情繁杂，日复一日，没有尽头。

实际上，在埃及，其他许多工作同样困苦，令人心生厌倦。埃
及学生反复抄写的一部经典文学作品，曾生动翔实地描述了劳动人
民的苦难，与精英阶层的舒适生活形成了鲜明对比：

我看见一名铜匠，他在炉门前埋头工作。他们的手指犹如鳄爪，全身臭如鱼粪……割芦苇的工人顺流而下来到尼罗河三角洲，走到河心沙洲去拿他的箭杆材料，他必须极其快速地完成工作……一旦被蚊子叮一口或者被沙蚤咬一口，就只能听天由命了。

陶工还活在人世间，但浑身早已被泥土覆盖。他像猪一般，钻入地洞，烧热器具……我还要向你描述一个砌砖工。他的人生痛苦不堪。冷风扑面，他却衣衫单薄……他身体疲惫僵硬，困乏无力……他一天只洗一次手，却不得不用脏兮兮的手指拿着面包……洗衣工在鳄鱼肆虐的河边工作……他整天在石头上用木槌敲打衣服，泪流满面。

埃及贵族及其家人的生活比在这片土地上劳作的人更加舒适和愉悦

108

这种对劳动人民苦难的夸张描述旨在说服学生留在学校学习文化，期待有朝一日成龙成凤，摆脱底层的苦难。

如果穿越时空在古埃及旅行，可以看到这些最底层的体力

劳 役

埃及工人在不断的威胁之下挣扎生存，随时可能被解雇，或受政府征召干苦役活。这种征役制度通常被认为是一种赋税形式。它提供了兴建神庙或其他皇家工程所需的大量人力。这些并不是职业规划性的工作安排：政府征役的主要任务可能包括拖抬巨石。

劳动者和工匠，包括木匠、制篮匠、金属匠、造船工、养蜂人和酿酒师。他们的技能会给你留下深刻印象。例如，在几乎任何一个社区，都可以惊奇地看到，一个男人用手搓着成捆的草或棕榈纤维，形成一条长绳，或者，可以看到陶工旋转出均匀

埃及社会充斥着各种各样的手工艺行家。工人们参与金属熔化和铸造工程，环境燥热，工作乏味

光洁的精美器皿。这些工作通常由男性来完成，但织布工和纺织工通常是女性。真正的熟练工匠，例如雕刻师、珠宝匠、家具制作工和墓碑画师，具有较高的地位，通常受雇于法老和王公贵族。

尽管严格来说，所有埃及人都受神圣统治者奴役，但古埃及确实有大量奴隶，他们就像一件件货物，可以自由买卖。其中有许多是战俘。这些曾经英勇无比的异域士兵，如今沦为了埃及人的奴仆。国家可以将这些战俘分配给宫殿或神庙等机构，也可以分配给个人。

娱乐和游戏

埃及人知道如何放松和娱乐。偶尔也有游客加入其中。在村庄里，摔跤和斗棍都是廉价而欢闹的消遣方式。与亲朋好友一起去沼泽地猎鸟和潜水叉鱼同样饶有趣味。游客请注意：你可能连一只蝌蚪都抓不到，但当地人会拿你的无能逗乐，当然，也会对你不屈不挠的精神大为赞叹。

某些运动是精英阶层的专属。用弓箭猎杀狮子、豹子和野公牛是法老及其随从最喜欢的消遣方式，当然，他们也喜欢捕杀河马。这种狩猎表演是精心安排的，主要是为了保护法老的安全。但在公众场合制服危险的野生动物，或多或少展现了法老的威力和勇气。射箭在贵族阶层同样颇受青睐。无论过去还是现在，无论你信还是不信，法老都取得了无与伦比的功绩。例如，据说阿蒙霍特普二世能够在驾驭战车的同时射箭穿透厚厚的铜锭。

在古埃及，每个人都喜欢举行聚会，并且总能找到各种理由举行聚会，如婚礼和生日。诸如法老的塞德节之类的盛大活动以及伟大的宗教庆典，都是举国同庆、欢天喜地的日子。对于有钱人来说，吃喝玩乐——一场饕餮盛宴、美酒佳酿和精彩

摔跤，有人参与吗？还是你更喜欢斗棍，屡败屡战，自娱自乐？

娱乐是头等大事。如果你有足够的人脉，不妨找个人引领，参与此类活动。聚会在下午或傍晚开始，并可持续数小时。进入会场后，可能要按身份入座。如果有人在你的头上放了一团黏糊糊的锥形油脂，不要觉得这是一种不敬。油脂融化时，会散发出令人愉悦的香气，并能护理头发。也可能有人会为你献上一朵可爱的莲花，芬芳四溢，沁人心脾。

埃及不是倡导勤俭节约的社会，聚会上有大量的啤酒和昂

棋类游戏

性格安静的人，可以玩玩棋类游戏，例如塞尼特棋（Senet）。赛尼特本义为"穿行、通关"，这是一种根据死者通往阴间之路而设计的游戏。塞尼特棋由两个人在三十格的棋盘上按规则移动棋子。每方七枚棋子，以形状或颜色区分敌我。掷具为四根长矸（长条状的棒子）。根据投掷一对长矸确定的数字在方块中移动棋子。最先把所有棋子从棋盘上移走的人，便是获胜者。

如果你是受邀嘉宾，肯定会在古埃及的高级聚会上被侍者的热情款待弄得乐不思蜀

贵的葡萄酒，尽管开怀畅饮，一醉方休。一些参加过古埃及盛大聚会的人传言，在葡萄酒中掺入莲花汁会带来令人愉悦的快感。他们对于聚会的场景，往往含糊其词，表述不清，毕竟，酒酣花浓，意兴盎然，谁还能保持清醒呢？古埃及人并不在乎是否醉成烂泥，只要不惹事端即可。想喝多少，就喝多少，但千万别跟人发生争执或者跟已婚女子眉目传情。食物丰盛，可能包括整只熟牛和大量的家禽、鱼类和甜点。

酒酣之余，还能欣赏到音乐、唱歌和跳舞。大部分乐师都是女性，擅长演奏各种有趣的乐器：鼓和拍板等打击乐器，竖琴、里尔琴和琵琶等弦乐器，以及长笛和号管等高音乐器。在聚会上压轴出场的竖琴演奏者，许多都上了年纪，还有些是盲人。近乎不着寸缕的舞女在客人身边游走，歌声灵动婉转。有时还会唱情歌，部分歌词

女 神

埃及人有一位啤酒女神，名为蒙特（Menqet）。哈托尔（Hathor）则是古埃及神话中最重要的女神之一，是生活美好的象征，被称为爱与美的女神、舞蹈之神、音乐之神和醉酒女神。

音乐和年轻女郎是埃及庆典中不可或
缺的元素

由一对年轻男女深情演唱。

　　在古埃及，人民生活困苦，但即使是最受压迫的下层农民，偶尔也会苦中作乐，享受尘世的短暂美好。宜人的气候、丰盛的食物和一个重视正义和家庭幸福的社会，为黑土地上的居民带来了较高质量的生活，大多数埃及人都希望来世也能过上这样惬意的生活。

七 中埃及

斯尼夫鲁金字塔·法尤姆·阿肯塔顿：异端废
都·下一站旅程

参观了古都孟斐斯（古埃及语为"Men-nefer"）和那些奇崛
雄伟的墓葬群后，一些旅行者可能会立即转身踏上归途。也许他
们自认为已欣赏到了古埃及最伟大的奇观。选择这时候草率离
开埃及，实在是一种莫大的遗憾。古埃及的奇观远不止于此。来
吧，继续古埃及的冒险之旅，下一站，前往"权杖之城"瓦塞特
（底比斯），一定不会让你失望。

从孟斐斯一路向南，每个省均有一座首府。每个城市都有各
种名胜古迹，或者至少一个落脚的地方。最好沿着尼罗河溯流而
上，也可以徒步旅行，以驴为伴。乘船从孟斐斯到底比斯大约需
要两周时间。具体耗时多久，全看风速风向，当然，还有船长的
心情。

斯尼夫鲁金字塔

往西，有三座金字塔值得一游。这些金字塔是由第四王朝的
第一位国王斯尼夫鲁建造的。巨石结构的使用是从阶梯金字塔向
"真正"的金字塔演变的一个标志性特征。每座金字塔都代表一
个演变阶段。斯尼夫鲁在塞加拉以南约 80 公里处一个名为"永

建造红金字塔的过程中，斯尼夫鲁对建筑设计经过多次调整和修改，功夫不负有心人，他终于建造出了"真正合格"的金字塔。上图为斯尼夫鲁建造的第二座金字塔：位于代赫舒尔的"曲折金字塔"，边棱倾角不一致，外形弯曲

恒的斯尼夫鲁"（Djed-Sneferu）的地方开始修建阶梯金字塔。施工过程中的某个时刻，工匠们决定尝试一种"真正"的金字塔形结构。该结构具有四个侧面，汇聚到一个点，表面镶嵌美丽的白色石灰石。由于已不可考的某种原因，结果显然不尽如人意。

继位后第 15 年，斯尼夫鲁放弃了"永恒的斯尼夫鲁"的建筑工程（史称"美杜姆金字塔"），并转移到了北面约 40 公里处的另一个地方：代赫舒尔（Dahshur）。斯尼夫鲁在代赫舒尔建立了另一座金字塔。这座金字塔叫"曲折金字塔"，建造过程中也遇到了一些问题。顾名思义，金字塔外观曲折。可能是由于地基不稳定或表面脆弱的缘故，其四个侧面底层部分与地面呈 55 度角，而上层部分则收窄为 44 度角，整座古迹呈现出弯曲的外表，略显奇怪。显然，斯尼夫鲁追求完美，在附近又建了一座巨大的金字塔。这次，进展非常顺利。他所建造的第三座也是最后一座金字塔被称为"闪烁金字塔"（又称"红金字塔"），这座金字塔的比例堪称完美。高约 105 米，塔基边长约为 220 米。斯尼夫鲁

坚持不懈的实验和对卓越的孜孜追求富有启发性，其建筑创新成
为其后金字塔大量出现的催化剂，并造就了有史以来最伟大的建
筑成就之一：他儿子胡夫在吉萨建造的大金字塔。

法尤姆

　　法尤姆（Fayyum）也位于西部，以大型湖泊"南湖"（She-
resy）而闻名于世。如果选择绕道游览法尤姆地区，可以欣赏其
广袤的土地和富人的庄园。南湖风光旖旎，通过一条长长的支流
与尼罗河贯通。这条支流有很长一段与尼罗河平行。在法尤姆
地区，鳄鱼神索贝克（Sobek）备受尊崇，是当地的主神，因此，
靠近水域旅行时，千万要留神，以防鳄鱼冷不丁跳出水面，吓得
你魂飞魄散。

　　法尤姆的另一个必看景点是阿门内姆哈特三世（第十二王
朝）的"迷宫"。附近有一座阿门内姆哈特三世建造的金字塔，
年深日久，逐渐衰败。希腊历史学家希罗多德曾在公元前 450 年
左右探访过"迷宫"。他在书中记载：

> 建造这座迷宫使用的人力和财力甚至超过了金字塔。
> 这个迷宫由 12 座带顶的院落构成，所有院落都有门
> 和通道连接。由此形成了 3000 间独立的房间，地上
> 地下各 1500 间。迷宫错综复杂，从一个庭院到另一
> 个寓所，从一个寓所到另一个柱廊，又从柱廊到更多
> 的房间，再到越来越多的庭院……房间的出口和穿过
> 庭院的迷宫通道四通八达、纵横交错。如果不小心误

> 入迷宫，会在迷宫中一直兜圈子，永远找不到出口。
> 整个迷宫都带有屋顶，由石头制成，就像墙壁一样。
> 墙上有大量人物浮雕，每一个庭院均由白色石柱围成，
> 柱子的位置非常精确。

　　尽管有经验丰富的向导，然而，这些名胜古迹是否在你心里留下深刻印象，全在于你自己。但无论如何，这座巨大而非同凡响的墓葬建筑无疑值得一看。在法尤姆的其他地方，在一处遗址（Biahmu）你可以欣赏到一对巨大的阿门内姆哈特三世坐像。雕像由红色花岗岩制成。

　　西岸上游是古城埃拉克雷奥波利斯（Herakleopolis），其古埃及名为赫宁–奈苏特（Henen-nesut）。这座首府在大约九百年前的埃及内战中发挥了核心作用。当时赫宁–奈苏特的政治领导人宣称自己是埃及的统治者，赫宁–奈苏特是埃及的首都。底比斯的统治者再次统一埃及之前，这片土地经历了长达一百五十年的政治动荡和军事冲突。

　　赫宁–奈苏特附近有几座神庙，而且，就像埃及其他任何地方一样，即便这些神庙不是由拉美西斯二世兴建的，也由他进行了加固和修缮。再往上游走，可以看到耸立于峭壁的一座神庙，专门供奉狮神帕赫特（Pakhet）。这座神庙由颇富争议的第十八王朝女法老哈特谢普苏特建造（哈特谢普苏特的故事，详见第八章），自希克索斯时代以来一直无人问津。神庙中有女法老修复神庙的书面记载。具有讽刺意味的是，拉美西斯和他的前任法老们对哈特谢普苏特的神庙弃而不顾，试图将这位女法老从历史上

抹去。这座狮神庙自然也不例外，年久失修，破败不堪。

再往南走一段距离，可到达古城赫尔莫波利斯。你可乘船在向西而流的一条运河上游览。城市的名字意为"八柱之城"，"八柱"是指八位原始神构成了埃及八柱神创世说的神祇谱系。托特是这座城市的主神之一，在古埃及神话中是智慧之神，也是众神的文书。城中有一些庞大的狒狒石像，值得驻足观赏。狒狒是托特的化身。像往常一样，拉美西斯二世建造了一些新的设施，使建筑群更为复杂丰富，而且，据称，拉美西斯二世随意盗取早期统治者墓葬群的石头作为新建筑的材料。

阿肯塔顿：异端废都

在孟斐斯以南约 320 公里处，便是古城阿肯塔顿（Akhetaten）。这个城市曾经是个繁华之都，如今只剩下一堆恢宏的废墟。阿肯塔顿遗留着大量废弃的街道、宫殿和寺庙。全部参观完，少说也得一天。如果阅读了前面的一些章节，那你肯定知道一位被蔑视的法老，名叫阿肯那顿。阿肯那顿究竟是何方神圣？为什么他兴建的都城如今成了废都？

约一百五十年前，阿蒙霍特普三世在位。古埃及第十八王朝在他统治下达到鼎盛，当时埃及国力强盛、百姓安乐、经济繁荣。孟斐斯仍然是一个行政中心，底比斯则是主要的王室府邸所在地，也是阿蒙拉教派的老巢。阿蒙拉是当时非常盛行的教派，头领是一位有钱有势的祭司。阿蒙霍特普的继任者本来是图特摩斯，但王储去世，另一个儿子阿蒙霍特普四世继承了王位。阿蒙

在整个古埃及史上，没有人比异端法老阿肯那顿更加特立独行、饱受争议。图为阿肯那顿与王后纳芙蒂蒂

霍特普四世在位时期，以宗教改革为名，强制推行对太阳神阿顿（Aten）的崇拜活动。"阿顿"的字面意思是指太阳光轮本身，有温暖和强烈的光线。

　　阿蒙霍特普四世开始在阿蒙祭祀中心附近为阿顿修建神庙。阿蒙霍特普四世上位第五年，进行了更为激烈的宗教改革。法老将他的名字改名为阿肯那顿（Akhenaten，意为"太阳神阿顿光辉的灵魂"），并将宫廷向北迁移了若干英里，远离了当时的政治和宗教中心。新首都建在尼罗河漫滩未开发的土地上，被称为阿肯塔顿（"太阳神阿顿的地界"）。那是一座大都市，沿着尼罗河东岸延绵约11公里，被一条南北走向的皇家御道一分为二。阿肯那顿为自己和家眷建造了皇宫和寝殿。此外，大臣幕僚需要府衙，而工匠们则需要作坊。阿肯塔顿大约有5万人口，不管穷人富人，都要一个安身之所，而且还建造了瑰丽的神庙供奉太阳神阿顿。

　　千万不要低估阿肯那顿意图给埃及社会带来的极端变革。他禁止了对其他大多数神祇的崇拜，并蓄意破坏这些神祇（尤其是阿蒙）的神庙和神像。太阳神阿顿也与其他埃及神祇大不相同。不能用埃及艺术中典型的人物、动物或人兽糅合的形式对阿顿神进行描绘。太阳神阿顿代表旭日东升，外形为红色日盘，从日盘上射出无数道光，温暖和爱抚人间。其形象代表着阿顿无处不在，给万事万物带来生机。阿肯那顿将其奉为绝对的、唯一的神，阿顿没有配偶。埃及的其他神庙，大多周围环绕着一系列的房间，通向一个黑暗的房间，里面有一尊神像。但是对阿顿的祭祀是在没有祭仪图腾的情况下进行的，是在向阳敞开的大庭院中

阿顿颂歌

阿肯那顿还命人编写了《阿顿颂歌》（也有可能是法老自己创作的），极力赞颂伟大的太阳神阿顿。诗中写道：

长空奇丽壮美，你奋袂而起

朝气蓬勃的阿顿，生命的缔造者

大地破晓，你从东方的地平线冉冉升起

你的荣光，照耀着每一寸土地

你美好，伟大，光彩照人，高悬天空

你的光芒笼罩大地，笼罩你创造的一切

你是拉神，世人在你的羽翼之下

你的爱如水流淌，滋润人界之子

你遥不可及，但你的光芒遍洒大地

你高高在上，但你走过的地方永远是白天

进行，阳光明媚的日子里，人们能感受到阿顿神的力量。

如果说阿肯那顿的宗教改革有什么正面影响，那可能就是推动了艺术表现方面前所未有的创新，至少暂时偏离了古埃及传统保守的清规戒律。在许多艺术领域，会催生各种更为自由（甚至更为现实）的风格。阿肯那顿和王室的绘画和雕塑表现形式尤其"离经叛道"。（到现在为止，一路走来，你肯定看到了大量的埃及传统艺术作品，立即会发现形式上的迥异之处。）这位"异端国王"的艺术形象极为怪诞，头部和面部均极为奇特，身材明显女性化。他的妻子和孩子同样表现出奇特的身体特征，比如，极其细长的四肢，突出的腹部。尽管阿肯那顿艺术中对自然的描绘生动有趣，但国王和王后被描绘成世界的中心，其程度甚至超过了正统法老委托制作的自恋艺术作品。

阿肯那顿统治了十七年。阿肯那顿的死因一直是个谜。许多人猜测他是被谋杀的，毕竟，很多人在他的暴虐统治下受苦受难，肯定有人想让他下台。他在都城东部的一个峡谷中为自己建造了一座陵墓。毫不奇怪，这座陵墓被人洗劫一空，尸体也被人带走，下落不明。阿肯那顿死后，由图坦阿顿（Tutankhaten，意为"阿顿神的鲜活形象"）继位。图坦阿顿时年九岁便已君临天下。

对于埃及人来说，这一君权过渡是一个绝好的机会，这个国家终于摆脱了阿肯那顿的阴影，回归正统。不久之后，图坦阿顿移居底比斯，名字改为图坦卡蒙（Iutankhamun，意为

纳芙蒂蒂

阿肯那顿的第一任王后名为纳芙蒂蒂（Nefertiti，意为"迎面而来的美人"），曾经辅助夫君阿肯那顿发动史无前例的太阳神阿顿宗教改革。鉴于其对夫君的忠诚，她有了第二个皇室封号：纳芙纳芙鲁阿顿（Neferneferuaten，意为"阿顿神完美无瑕"）。古代的壁画显示，她与夫君各自驾一辆战车，并驾齐驱，此外还有她与夫君驾战车竞逐的情景。这表明了纳芙蒂蒂和阿肯那顿的密切合作，甚至有人认为，她与夫君平起平坐，不仅仅是他的王后，也是与他对等的统治者，共同摄政。

"阿蒙神的鲜活形象"）。图坦卡蒙在位不过短短十年，十九岁暴亡。图坦卡蒙并无实权，当时真正掌权的另有其人。[图坦卡蒙

123

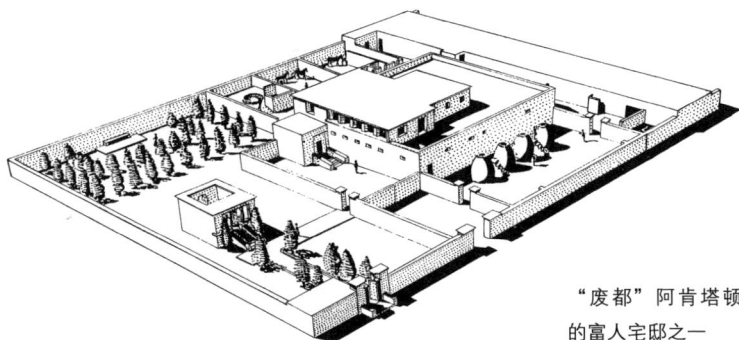

"废都"阿肯塔顿
的富人宅邸之一

的确切墓葬地点始终是个谜。数千年来，图坦卡蒙的陵墓没有任
何盗墓者光顾，直到 1922 年才被英国考古学家和埃及学先驱霍
华德·卡特（Howard Carter）发现，挖掘出了大量珍宝，震惊了
西方世界。〕他的继任者是两位将军，首先是艾伊（Ay），然后
是霍伦海布（Horemheb）。两位继承人恢复了被阿肯那顿废除的
传统，努力挽回阿肯那顿政治动荡和宗教异端期间整个埃及蒙受
的损失。霍伦海布任命现任统治者（拉美西斯二世）的祖父拉美
西斯一世为继任者，从此开启了新的统治王朝：第十九王朝。

阿肯那顿去世后，他一手创建的阿肯塔顿城迅速衰落，不久
就被荒废了。阿肯塔顿遗址幽邃神秘，是不容错过的旅游胜地。
你可以在阿肯塔顿随意闲逛，参观皇宫或某个寺庙的内院。不管
怎样，至少，历史总算留下了一些东西，供人瞻仰或缅怀，哪怕
仅仅是一片废墟。阿肯那顿去世后，有关他的一切均遭到大肆破
坏，无一幸免。阿肯那顿的王名被污损，雕像被打碎，神庙也被
拆除，神庙的石头被盗取，用来兴建其他建筑。人们提及那段混
乱的历史，通常称之为"叛乱"。如果不得不提及这位法老，也

不呼其名，而是称之为"那个罪人"。阿肯那顿的名字，已经从官方记载和史籍中抹去，后世的埃及人对阿肯那顿这个名字讳莫如深，从不与外人提起。

走进阿肯塔顿市中心的废墟，可以看到一个空旷的大宫殿，它的墙壁和地板经过抹灰和粉刷，精美绝伦，隐隐透露出昔日的辉煌。岁月变迁，荣光不再，令人感怀。不远处是早已风化的遗迹阿肯塔顿大神庙：Per Aten（阿顿的居所）。在其开放式庭院中，有七百多座祭坛和数百张作为祭台的砖桌。这里定期会有成堆的面包和其他祭品，接受头顶上方红色日盘的照耀和惠泽。

然后，可以沿着皇家御道一路向南或向北，穿过阒静的城市，穿过无数空旷荒芜的宅院和其他建筑。古城河边住着一些人家，不过这些人家显然对近在咫尺的这座废弃的城邑毫无兴趣、敬而远之。到处都弥漫着一种诡异的气氛，令人毛骨悚然。市中心北部还有一座曾经熙攘喧嚣的宫殿。市区的最南边，玛鲁阿顿（Maru-Aten，意为"阿顿的美景"）神庙遗址静静仁立。这是一座小巧宜人的庇护所，里面曾有华美的浅湖和庭院。

传 闻

据传，埃及第一王朝法老哲尔（Djer）死后，他的大量宫廷奴仆遭到谋杀或集体自杀，这些奴仆被埋葬在其主人哲尔的Abdju（今阿拜多斯）大砖墓附近。即便真有其事，这种丧葬习俗也并没有延续多长时间。埃及官僚和皇家工匠通常在多位法老治下任职，是真正的"多朝元老"。他们的专业知识非常宝贵，不会用于殉葬。后世埃及人认为，阿拜多斯的哲尔王墓是奥西里斯神的"空墓"，成了奥西里斯信徒朝圣的中心。王墓不断颓败，如今成了一个毫不起眼的土墩。

如果你有足够的耐心和好奇心，也许可以说服某个当地居民当导游，带你深入沙漠看看王公贵族的墓葬群。像阿肯塔顿的宫殿和神庙一样，古埃及皇陵同样难得一见，当然，年深日久，这些陵墓早已破败，残垣断壁，渐失光华。如果在墓葬残骸中发现一块亚麻布，它甚至可能是阿肯那顿本人的木乃伊包裹材料。

离开阿肯塔顿时，不妨思索国王阿肯那顿的命运，试想一下，随着古埃及帝国的衰败消亡，以及各种雕像、陵墓和神庙被无情冷落或被蓄意破坏，埃及其他遗迹最终会遭遇何种命运。

下一站旅程

在阿肯塔顿南部，还有很多值得一看的古埃及城镇。艾斯尤特（古埃及语为 Zawty）古城有一座祭祀奥西里斯的神庙和犬神乌普奥特（Wepwawet）的一尊雕像。再往上游是艾赫米姆（古埃及语为 Ipu）遗址，一个供奉敏神（Min）的祭祀中心。敏神通常以人的形象出现，是生产及收获之神。你可能会发现这种描绘有些淫秽或滑稽，但埃及人并不在乎。敏神只是古埃及复杂神祇谱系中不显眼的一个角色。拉美西斯二世在此建造的一座神庙中，有一些法老本人及其女儿梅里塔蒙（Meritamun）的精美巨型雕像。赶紧看，别错过！

艾赫米姆遗址上游西岸，是埃及最伟大的圣地之一：Abdju（今阿拜多斯），冥王奥西里斯的祭祀中心。传说，奥西里斯被他的兄弟、沙漠之神赛特所杀。赛特将奥西里斯的尸体切成十多块碎片，到处散落。死者忠贞的妻子伊西斯找回了这些碎片（除了他的生殖器）。拉命令阿努比斯和托特把奥西里斯做成木乃伊，伊西斯使之复活。奥西里斯留在阴间审判死者的灵魂，成了冥王。埃及人认为奥西里斯的坟墓就在这里。古埃及早王朝时期的一些统治者就埋在附近，周围还有几座神庙。塞提一世兴建了一座雄伟壮观的 L 形神庙，设有七个圣殿，供奉七位神祇。这座建筑最终由拉美西斯二世完成。拉美西斯二世后来又在附近建造了一座非凡的神庙。这些神庙尚未废弃，而且有人值守和使用。你只能在外围绕着神庙远远观赏。塞提神庙附近有一座奥西里斯的象征性地下墓葬，上面有很多红色花岗岩，还有一个被水包围的平台。

　　由于与奥西里斯有着密切联系，无数朝圣者从四面八方来到阿拜多斯，他们供奉罐里的碎片四处散落，随处可见。一些朝圣者建造了简单的还愿礼拜堂，或者留下了一些私人石碑（偶尔会镌刻铭文），以便在奥西里斯附近栓系自己的灵魂。如果他们在其他地方死去，其灵魂也会回到这里。出于类似的原因，第十八王朝统治者雅赫摩斯（Ahmose）一世在附近建造了一座人造金字塔和配套的殓房建筑。不过，他实际上被埋葬在底比斯的更南端。走遍这片地区，可以看到一些私人建造的精美小神殿，注意观察长方形砖砌上部结构，这些建筑均为埃及早王朝时期一些统治者的坟墓。

　　阿拜多斯南部有著名的丹德拉（古埃及语为 Lunet）遗址。丹德拉是女神"哈托尔"最重要的崇拜地。附近的格布提乌（Qift）和盖萨（Qus）古城是穿越东部沙漠前往红海的旅行者的热门启程地。你可以加入商队搭便车，也可以自己安排旅行路线，但是最好打消这个念头，一路遇到的艰辛和危险可能会超乎你的想象，让你懊悔不已。众所周知，一路上都会有土匪贼寇潜伏跟踪，回程路上会遇到各种麻烦事。

现在，伟大的底比斯城近在咫尺。在底比斯郊区有梅达姆德（古埃及语为 Madu）遗址。这座古城以供奉鹰首战神蒙图（Montu）的神庙而闻名于世。如果有闲情，不妨四处逛逛，不过建议你省点气力精神，别走太远，古埃及最伟大的都城不过一步之遥，一不小心就错过了。好了，打起精神，开启伟大之旅！

八 欢迎来到底比斯！

底比斯城·东岸名胜·女法老·帝国缔造者·卢克索神庙·节日·西岸名胜·太阳王遗址·其他古迹·法老和贵族的陵墓

从拉美西斯城或孟斐斯前往"权杖之城"底比斯，路途遥远，旅程漫长。但对于许多人来说，这是埃及之旅的最终目的地。在尼罗河两岸，可以看到代表埃及鼎盛时期国力的非凡建筑，这是古埃及帝国几个王朝的智慧结晶。多年前，正是底比斯的领导人和人民结束了埃及内战。底比斯人同仇敌忾，将希克索斯人驱逐出了埃及。之后，这座城市成为许多强力统治者的都城，每位统治者都在底比斯的历史和地标上留下了自己的印记。游览这座古

底比斯横跨尼罗河两岸，沿岸有一些宏大庄严的神庙，蔚为壮观，令人叹为观止

埃及最著名的城市，注定会与一些法老邂逅。

当你乘船缓缓驶向底比斯的时候，毫无疑问，你来到的是一个富庶而宏伟的城市。高耸的金色方尖碑在阳光下分外耀眼，河流交汇，会向你提示附近的景观。不久，可以看到东岸依稀出现雄伟高耸的神庙高墙，墙上装饰的三角旗迎风飘扬。神庙由巨大的雕像和成排的卧式狮身人面石像默默守卫。在西岸，山势雄伟，峭壁如刃，将一座皇家神庙衬托得愈发巍峨宏伟。

底比斯城

底比斯，古埃及人又称其为瓦塞特，意为"权杖之城"，鉴于这座城邑在埃及历史上的重要地位，这一称呼恰如其分。底比斯有城门百座，人口稠密，广厦连亘，街市繁华，当时是世界上最大的城市，以至于有时直接简称为"the city"。埃及诗人对这座城市赞叹不已：

> 底比斯，褆威盛容，实乃地上之王
> 底比斯，以战取地，恭将阿蒙供养
> 底比斯，挽弓搭箭，沐浴神之荣光
> 底比斯，所向披靡，何惧异域列强
> 底比斯，众城之城，放眼举世无双

底比斯历史悠久，古埃及人在这片地区生活了数千年。金字塔时代，底比斯并不引人瞩目。当时只是一个普通的省会，当地的主神是阿蒙。内战期间，一个地方王朝向南北扩展势力，开创了古埃及中王国时期。这座城市因此声名显赫。其中一位地方统治者，孟图霍特普二世（Montuhotep Ⅱ），统一了埃及，并开启了政治和文化复兴，在随后的第十二王朝（另一个底比斯家族）统治下这一复兴得以充分实现。尽管这些新的底比斯法老将其首都向北移至孟斐斯南部的法尤姆边缘地带，但底比斯的主神阿蒙逐渐成了全埃及最高的神。

东岸名胜

在这片土地上的任何一个闹市区都有着拥挤、嘈杂、气味难闻的街道，但在东岸，你看不到这些。底比斯杂乱无章的城市扩建工程环绕着埃及一些最伟大的古迹。尼罗河东岸矗立着有史以来最大的两个宗教建筑，并且在不断扩大的同时仍在投入使用，门庭若市。

在底比斯北端，可以看到一座气势宏伟的伟大神庙：卡纳克（Karnak）神庙，其埃及名 Ipet-sut 意为"最优之地"。这座庞大的建筑群是全埃及最大最富有的阿蒙神庙。如果你乘船从水路进入神庙，则要穿过一个小港口。这个河港是举行送神仪式的出发点。如果从港口向东眺望，可以看到阿蒙神庙的整个宏伟庙身，其大道两侧排列着代表阿蒙神的狮身羊面像。在大道尽头，可以看到一座巨大的塔门，白色外观无比闪耀，装饰着鲜艳的彩画，两侧彩旗飘扬，入口大门两侧各有一座拉美西斯二世跨步雕像。通常来说，游客只能行进到这个地方。但并无太大遗憾，环绕着这个巨大的建筑群走一圈，依然能够感受和想象到卡纳克神庙当

塔 门

塔门是古代埃及神庙最具特色的结构之一。在许多埃及神庙中，塔门均为两座类似塔楼的建筑物，高大、宽阔、略微倾斜，位于大门或入口的两侧。城堡般的建筑，气势磅礴，有些高达数十英尺，所有的设计都是为了吸引观者注意。有些塔门外表刻有法老凯旋的场面，用意更是如此。许多塔门的内部均有楼梯，可以登上屋顶。

年的瑰丽壮美。

卡纳克神庙的修建绝非朝夕之功，任何一个法老都不可能独立完成；几乎每一个王朝的统治者都对其进行了扩建甚至修葺。神庙之大，罕有其匹，但依然是一个尚未完成的浩大工程。卡纳克的阿蒙神庙始建于中王国时期。兴建者是一位大约七百五十年前内战后统一埃及的底比斯统治者。建庙之初，规模较小。新王国第十八王朝时期起，这座神庙沿着东西轴线不断拓建，另一部分向南延伸，日渐雄伟。

就在拉美西斯二世塔门后面，有一个大柱厅，有六道大厅，134 根石柱，分成 16 排。有些石柱高达 22 米，其顶部被雕刻成一捆捆的纸莎草。像神庙的其他部分一样，石柱和墙壁的颜色也很鲜艳，这是塞提一世构思的装饰方案的一部分，最终由他的儿子拉美西斯二世完成。靠近屋顶有一些长方形小窗户，阳光透过窗户倾泻而入，照亮了整个宏伟的大厅，使整个大厅更加绚烂辉煌。

这一段，可以看到由庭院隔开的三道塔门，第一道塔门由阿蒙霍特普三世建造，另外两道塔门由第十八王朝法老图特摩斯一世建造。隐藏在这些图特摩斯塔门之间的是两座雕刻作品，堪称

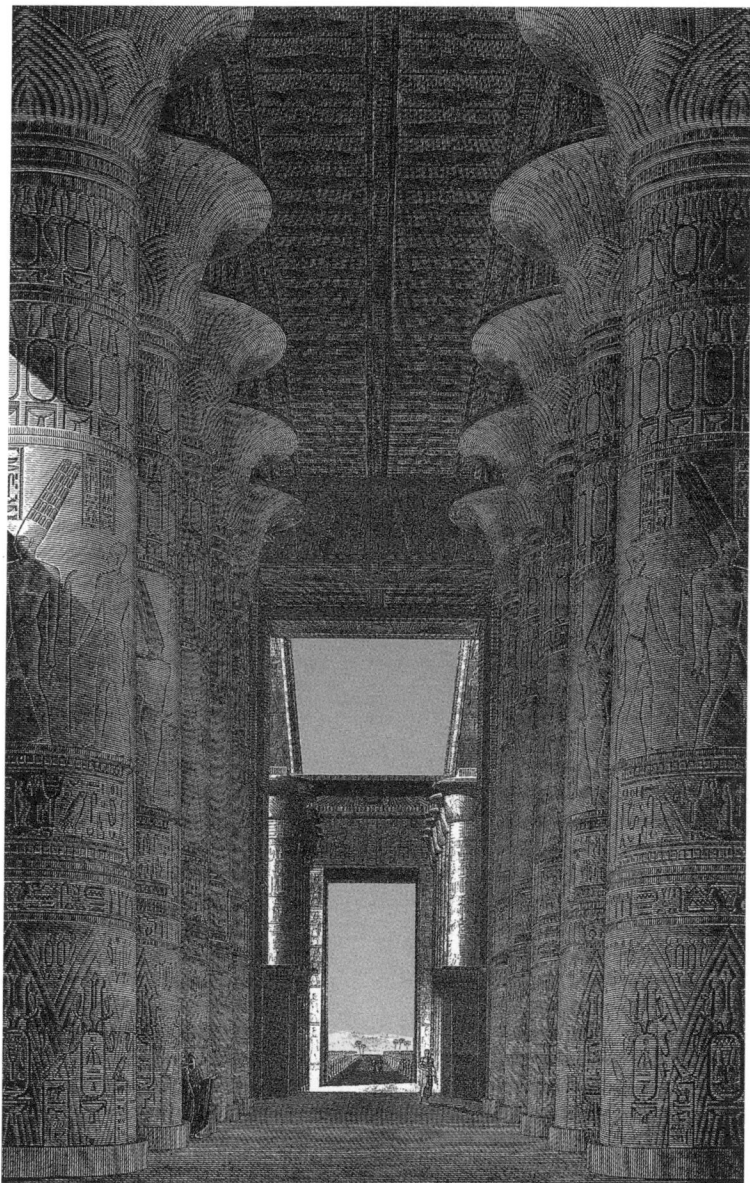

卡纳克神庙中的柱廊式庭院，游客禁止入内

埃及有史以来最伟大的石雕作品：一对巨大的方尖碑，由饱受争议的女法老哈特谢普苏特委托建造，高 30 米，表面镀上了闪亮的金子。这些红花岗岩石柱是在苏努（阿斯旺）整块开采的，进行打磨和切割，并刻上象形文字铭文，然后运往底比斯下游。考虑到每块方尖碑的重量都超过 320 吨，但在运输和安装时没有出现任何意外，这证明了埃及工程师高超技巧和独创性。可悲的是，为了消除哈特谢普苏特的印记，后世一些法老下令削除了方尖碑上的铭文。

女法老

哈特谢普苏特是埃及漫长王室历史上最杰出的人物之一。哈特谢普苏特的故事要从法老图特摩斯一世说起。他跟一位王妃生了一个儿子（又名图特摩斯），又跟另一个王妃生了一个女儿，她就是一代女法老哈特谢普苏特。同父异母的姐弟俩结婚了。父亲去世后，图特摩斯二世成功上位，接过法老的权杖，但体弱多病，仅仅在位十几个年头。王位继承人是他的儿子图特摩斯三世，他的亲生母亲不是哈特谢普苏特，而是图特摩斯二世的一位妃子。（是的，这些王室的家谱可能相当复杂，千万别被绕晕，马上进入正题。）

父亲去世时，图特摩斯三世只是个懵懂孩童，显然无法担负起埃及统治者的艰巨职责。哈特谢普苏特以"摄政王"的身份，全权管理国家事务。表面上，哈特谢普苏特与继子共同执政，但哈特谢普苏特拥有越来越多的王室头衔，并承担了越来多的职责，渐渐独揽朝政，成为了事实上的法老。到了"共同执政"的第七年，哈特谢普苏特正式走上前台，粉墨登场：哈特谢普苏特拥有全部王室头衔，下令所有人用男性代名词称呼她，甚至开始戴上王室的假胡须，女扮男装，

塞内姆特

最初，塞内姆特（Senenmut）只是一个平头百姓，后来成为了哈特谢普苏特的皇家建筑师，也是女王的左右手。他获得了几十个官衔，拥有皇室官僚所无可匹敌的权力。尤其是出身低微的官僚，更是难以望其项背。此外，他还是哈特谢普苏特的女儿纳芙瑞（Neferure）的私人教师。当然，也有传闻说他是女王的地下情人。其夫死后，哈特谢普苏特一直孀居。

并谕令画师在王室画像中缩小胸围。同时，她联合僧侣编造身世，称自己是太阳神阿蒙之女，进行大肆宣传，给自己披上一重合法的外衣。当然，这并不容易。其一，哈特谢普苏特从合法继承人手中夺取王位，可谓谋权篡位。其二，历朝以来，埃及统治者全是男性，无一例外。

尽管如此，哈特谢普苏特还是如愿地成为了首位埃及女法老。她励精图治，使古埃及长盛不衰。此外，她还兴建和修复了众多建筑、祠庙，尤其是在底比斯地区。她还发起了远征，赞助了一次罕见的冒险旅程，沿着红海海岸向南到达充满异国情调的神秘之地：蓬特（Punt）。如果参观女法老在底比斯城尼罗河西岸的纪念神庙，可以看到其中的各种生动细节。庙中的壁画上描绘了那块土地上的异域风光，人们住在用柱子支撑的锥形茅屋里，周围有珍禽异兽出没。哈特谢普苏特在位二十多年，死于重

智慧的抄书吏阿尼（Any）对参观埃及神庙时的礼仪举止提出了一些忠告：

切勿在神的殿中大声喧哗。他讨厌轻薄无礼，纷扰嘈杂；

他假爱之名独自祷告，每一句话都秘而不宣。

他会满足你的需求，他会听到你的话语，他会接受你的供奉。

疾——有人说女法老死于牙科手术后的并发症。她的继子图特摩斯三世最终重返王位。图特摩斯三世是第十八王朝的集大成者，扩大了埃及的版图。在他治下，埃及国力鼎盛，其影响力至今未衰，被称为"古埃及的拿破仑"。

把视线转到卡纳克神庙，穿过哈特谢普苏特方尖碑和图特摩斯一世塔门，再穿过另一道由图特摩斯三世建造的塔门，以及一个庭院，最终通往圣殿，里面供奉着底比斯地方神阿蒙的雕像。节日期间，附近有一艘轻便的木船负责运送雕像。神殿的另一边是图特摩斯三世的赛德节日大厅，墙上刻有铭文，记述了他的许多重要成就。

帝国缔造者

说到图特摩斯三世，这位法老也是埃及史上值得大书特书的人物。哈特谢普苏特的这位继子和继任者发动了多次远征，埃及的版图不断延伸，东起西亚地区，南至努比亚境内的尼罗河第四瀑布。图特摩斯三世统治了埃及五十年。说实话，如果加上与他的继母共同执政时期取得的成就，哪怕伟大如拉美西斯二世，也没有像图特摩斯三世那样将埃及的版图扩大到了空前绝后的程度。图特摩斯三世是一位伟大的建设者，底比斯和埃及其他各地都有他兴建的建筑。在他生命后期，单独执政期间，掀起了一场破坏运动，哈特谢普苏特女王刻在纪念碑上的大部分文字和形象都被抹去了。这种由国家扶持的蓄意破坏行为未必出于个人报仇雪恨，而是为了保护图特摩斯的继承权，消除女性王权在古埃及历史上的印记。不管怎样，哈特谢普苏特的王名从众多建筑古迹中消除殆尽，在任何官方国王名单中都找不到她的名字。尽管如此，她还是在埃及留下了一些堪称奇观、至今不可磨灭的痕迹，即使是强悍的图特摩斯也无法从这片土地上将其完全抹去。

阿蒙神庙大院东墙后是神殿，黎民百姓可以在这里祈求神的保佑。例如，有一面刻有耳朵图案的墙，信徒可以在这面墙上聆听神启，或向阿蒙神诉说内心的悲苦。如果墙后的神秘声音听起来像是人类，千万别大惊小怪。附近是阿肯那顿神庙的遗迹，供奉太阳神阿顿。阿肯那顿神庙是在阿蒙神的后院里公然建造的。据传，拆除后的砌块被用作附近一些塔门的填垫材料。

在阿蒙神庙大院的东南角，有一个人工挖掘的圣湖，供远古的祭司净身，这是埃及创世神话中原始海洋的象征。在湖里游泳的鹅被认为是阿

神 庙

阿蒙拉神赞美诗以诗歌形式描述了底比斯城和卡纳克神庙。诗中写道：
他们议论她说，"她是何等的大能，
以瓦塞特之名，就是那将要建成的城，
权杖之城"！
以她的瓦吉特之名繁荣，庇护之主；
神眼在红色日盘上，在她的主面前。
荣光照耀，以Ipet-sut之名指引着她，
离开她高高的宝座，无与伦比。

蒙的圣兽。

　　附近还有其他重要的神庙，包括供奉底比斯战神蒙图的神庙，以及另有一些神庙供奉其他两位底比斯三柱神：阿蒙神之妻姆特和阿蒙神之子孔苏。姆特的神庙通往狮身人面石像的通道。该建筑群内有数百尊凶猛的狮子女神塞赫麦特的雕像，被视为姆特的形貌。

卢克索神庙

　　毋庸置疑，卡纳克神庙的规模和辉煌可谓登峰造极，但是供奉埃及统治者和阿蒙神的奢华建筑不止于此。从卡纳克神庙出发，可沿着另一条两侧伫立狮身羊面石雕的大道向南行进约1600米，来到另一片壮观的神庙建筑群：卢克索神庙，在埃及

贯通卡纳克神庙和卢克索神庙的长长行道，道路两侧有狮身羊面石雕

卢克索神庙入口的两侧有塔门、方尖碑和巨大的雕像，在这些建筑物的映衬下，卢克索神庙显得愈发宏伟壮观

语中称作 Ipet Reset，意为"南方的圣殿"。在仪式中不经常使用顺行方式，所以你不妨在两个神庙随处参观，如果你的内心足够虔诚恭敬，或者更好的是找个愿意给你做导游的祭司，那就更畅通无阻了。

卢克索神庙是为伟大的阿蒙神设计的宫殿，还建造了姆特神和孔苏神的神殿。在一年一度的奥佩特节期间，人们会将三神雕像抬出卡纳克神庙的神殿，乘船溯流而上，将其护送至卢克索神庙，与埃及神祇谱系的其他成员共襄盛会。这座神庙的大部分建筑都是由艾米诺菲斯三世（Amenhotep Ⅲ）建造的。其原始结构是巨大的柱廊庭院，后来又向外扩建。拉美西斯二世建造了一个巨大的入口塔门，竖立着两块方尖碑和法老本人的巨大雕像。如果这些古迹不足以说明拉美西斯的伟大，那也无妨，塔门上的彩画描绘了法老在卡迭石战役中的丰功伟绩，这是底比斯城常见的艺术主题。

节 日

在底比斯举行的地方和国家宗教节日比埃及其他任何地方都多。有些节日气氛欢愉喜庆，有些节日则庄严肃穆。只有在这些节日里，普通埃及人才有机会看到平常深居神庙的"真神"，不仅可以接近神祇，一睹真容，还可以参加神庙举办的各种户外祭神活动。每逢节日，神像都会被祭司们装扮一新，用圣船抬出，在仪仗队的簇拥之下，现身于其他神庙或圣地。以下是一些隆重的节日：

新年节，新年第一天庆祝。民用历沿用先前的太阴历习惯，以天狼星偕日升（公历7月20日左右）作为一年的起始。这是古埃及普天同庆的日子。

瓦格节，约在新年后第十七天举行，祭奠死者，抚慰亡灵。除非认识某位亡故的埃及人，否则最好待在一旁。这种仪式旁人不宜参与。

奥佩特节，第二个月的第二十七天在底比斯举行，也许是整个埃及最隆重盛大的节日。整个节庆过

问 神

神像上街游行时，人们可以"问神"，接受神谕。游行经过时，可以向神口头发问，或者将问题写在莎草纸或其他材料上，由祭司传达。所谓神谕，略显草率，其实就是神像无意或"有意"的点头，或者像身不经意的倾斜，然后由祭司将神像的这些举动解释为"是"或"否"。神谕的内容固然简单，甚至有些敷衍，却可能会决定人生中一些非常重要的问题。"我能不能嫁给某某？""我这双凉鞋是不是买贵了？"或者，"我现在该不该回家？"。

敏神节期间，在法老的带领下，人们守护着生产及收获之神敏神的雕像，准备进行游行

程持续三周以上，有很多精彩的节目和仪式，外国游客千万别错过。奥佩特节期间，阿蒙神的雕像被抬出卡纳克神庙，向南巡游，进入卢克索神庙。在庄严肃穆的气氛中，祭司们将雕像抬到河边，装上一艘华丽的镀金船。只有如此金碧辉煌的华船，才配得上神圣的阿蒙。华船缓缓溯流而上，驶向目的地。尼罗河两岸观者如潮，人们身穿各种颜色的节日盛装，女人摇动叉铃，男人拍打手鼓，情绪激扬，声震云霄。

索卡尔节，第四个月末举行。索卡尔是孟斐斯的墓地守护神，也是大地和富饶之神。适值尼罗河雨季，预示着农耕的开始和植物的生长。为了纪念奥西里斯亡故，几天后还会举行内赫布考（冥界大门的守护者）节，庆祝法老重生。不用说，内赫布考节的庆祝活动气氛更为欢腾。

敏神节，第九个月举行。法老会举行收割仪式，预示着庄稼的丰收。作为生产及收获之神，敏神成了这类节日的主角。

河谷节，第十个月在底比斯举行。底比斯三柱神阿蒙、姆特和孔苏的神像被带到河对岸，祭扫对岸的陵庙，而家人则各自祭

141

扫亲人的坟墓。

赛德节，古埃及社会，一位法老继位满三十年后，会举行"赛德"庆典。盛典仪式上，法老会重新加冕，接受臣民的朝拜，沿着埃及的边界巡视，象征着他对埃及帝国的绝对拥有。但一些法老（例如拉美西斯二世）往往无视这一规定，提前几年举行重新加冕礼，或是心血来潮再举行一次。如果你在埃及碰巧遇上某个罕见但非常重要的盛典，那你一定非常幸运，不妨好好观赏。

除了这些重大的庆祝活动之外，几乎每个神庙都有各自的地方节日。在埃及旅行的时候，如果遇上此类庆典，别忘了问问当地人，了解发生了什么事。如果有熟人引领，就有机会融入人群，近距离体察当地风土人情，即便无法融入，至少也可以一窥盛况。也许你刚认识的埃及朋友会邀请你参与其中。

西岸名胜

埃及神话中，太阳从西方坠落，落入死者之地。在底比斯和孟斐斯，可以在尼罗河西岸发现王公贵族的一些陵墓和其他墓葬遗迹。从东岸远眺，可以欣赏底比斯山脉金色悬崖的自然美景。这就是死者之地，无论是显赫的法老还是籍籍无名的平民，全都逃不过宿命，最终埋葬于此。这里还有由祭司守护的非凡纪念神庙，永久祭祀埃及统治者。皇家墓葬隐匿在干旱山区的秘密墓地中。

太阳王遗址

乘渡船过河到达西岸，直接前往悬崖，参观孟斐斯以南最大的丧葬陵园。步行或骑驴行走几英里后，穿过阿蒙霍特普三世建造的恢宏神庙，即可到达丧葬陵园，其入口两侧是一对巨大的法老雕像，这是对其辉煌统治的恰如其分的致敬。

阿蒙霍特普三世是图特摩斯三世的曾孙，十二岁左右就继承了王位。接下来的三十八年里，第十八王朝在他统治下达到全盛，当时的埃及国力强盛、经济繁荣、社会稳定。阿蒙霍特普三世又被称为"闪耀的太阳"。他是一位伟大的建设者，尤其是在底比斯，修建了包括卢克索门农（Memnon）巨像和阿蒙霍特普

底比斯城尼罗河西岸阿蒙霍特普三世纪念神庙入口两侧的巨大坐像

哈普之子阿蒙霍特普

哈普之子阿蒙霍特普是埃及历史上最有经验、最受尊敬的行政长官之一。图特摩斯三世统治时期，阿蒙霍特普出生于尼罗河三角洲的一个小城，接受了专门培训，成为一位宗教抄书吏。阿蒙霍特普智慧超群，办事得力，声誉日隆。五十多岁的时候，他受到朝廷赏识，被任命为阿蒙霍特普三世的皇家抄书吏，随后迅速晋升为工程监事，负责对法老的宏伟建筑工程进行监督管理。这位杰出的组织者和建筑师活了八十多岁，至今仍然享有盛誉。在底比斯尼罗河西岸的一座纪念神庙中有阿蒙霍特普的抄书姿势雕像。这些雕像都是皇家委托制作的。阿蒙霍特普盘腿而坐，拽宽长裙，形成一个挺直的抄写台。阿蒙霍特普技艺高超，埃及人将其奉若神明。像孟斐斯的伊姆霍特普一样，千百年来，哈普之子一直端坐神台，受人敬拜。直到如今，他的雕像还被用作人界和神界的联结点。

祈灵殿在内的诸多宏伟建筑。他在建筑方面的成就仅次于拉美西斯二世。当然，倒也无可厚非。毕竟，当时的埃及实在太强大了，有足够的人力物力财力。

像其他几位王后一样，阿蒙霍特普三世的王后泰伊（Tiye）也密切参与国家事务，夫妻俩组成了理想的政治拍档。国王过世后，这个"黄金时代"结束了。他的儿子阿蒙霍特普四世（又称阿肯那顿）继承了他的王位。前文已经说过（见第七章），他抛弃了底比斯，进行宗教改革，改为信仰红色日盘（太阳神）。

有趣的是，阿蒙霍特普三世为自己建造了一座宏伟的宫殿，距离其纪念神庙不过咫尺之遥。这座皇室宅邸被称为"喜乐之家"，墙壁被粉刷过，上面有大量彩绘壁画，映衬得整个宅邸富丽堂皇。阿蒙霍特普三世甚至还为阿蒙拉修建了一座小寺庙。一条从尼罗河开凿的运河穿过建筑群，最后通向一个巨大的人工湖。法老巡视底比斯时，祭司们会将法老迎入宫殿，可惜的是，宫殿不对外开放，游客无法参观。

其他古迹

阿蒙霍特普三世纪念神庙的北面是拉美西斯二世的神庙。正如人们可能期望的那样，拉美西斯二世的神庙正在顺利修建中，规模比其前任更宏大。装饰华美的圆柱和墙壁彰显了拉美西斯的伟大，庭院屹立着埃及有史以来最大的雕像之一，描绘的是拉美西斯坐在宝座上。雕像约20米高，重逾1000吨。其他大多数法老都在附近建有纪念神庙，其中包括拉美西斯的父亲塞提一世，其低调庄严的神庙位于北部不远处。

你会注意到，拉美西斯神庙的数个侧面都被低矮的庞大泥砖结构所包围。这些建筑物中有些是祭司和其他工作人员的居所。更重要的是，还有一些建筑则是仓库，用来存放建造此类皇家神庙所需的物资，包括从外国进口的商品、成吨的谷物和其他重要的国内商品，林林总总，一应俱全。

在底比斯建立皇家纪念神庙的风潮是由第十一王朝国王孟图霍特普二世掀起的。他在位期间结束了内战，统一了埃及。从拉美西斯神庙向北走一段路程，然后向西走向群山，可以看到孟图霍特普二世的巨大梯台式神庙就建在悬崖之下，通道两旁伫立着雕像，庭院草木葳蕤，风景如画，看起来像一个花园。与附近后来统治者的神庙不同，孟图霍特普二世实际上就埋葬在自己建造的纪念神庙之中。可以走进院子，悠然漫步，慢慢观赏身边

神圣谱系

一些神庙，包括阿蒙霍特普三世建造的南部圣殿和哈特谢普苏特纪念神庙的某些区域，均描绘了统治者的受胎和出生。特别是在哈特谢普苏特的神庙，这种艺术大有"正本溯源"之意，宣称自己是太阳神阿蒙之女，可以合法继承王室衣钵。法老联合僧侣编造身世，说是法老的母亲沐阿蒙之恩受孕，并在女神哈托尔的庇护下生下了具有神圣血统的女性后裔。

景致。像北部孟斐斯墓葬群的众多陵墓一样，孟图霍特普二世的墓葬看守宽松，没有祭司严密守护，对于游客来说，这是件好事。

孟图霍特普二世神庙与女法老哈特谢普苏特的纪念神庙比邻而建。后者无疑是埃及最美丽的建筑成就之一。这座神庙名为 Djeser-djeseru（至圣之所），有一个宽敞的庭院，通向带柱廊的梯台，由宽宽的坡道相连。哈特谢普苏特的王名和形象已被后世法老从公文史籍中抹除，她那辉煌的神庙早已被遗弃，大部分雕像被人毁坏并丢入

哈特谢普苏特神庙有一幅浮雕，描绘了她赞助的探险队到达蓬特，探险队返回时，带回了一些活树，希冀它们能在埃及扎根成活

一个大坑。因此，游客可以悠然自得地在宽阔的坡道上漫步，欣赏梯台墙壁上的精美浮雕。浮雕记录了这位女法老的卓著成就，描绘了她赞助的探险队满载而归，带回了各种珍奇动植物以及象牙、黑檀木、乳香和没药等各种物品。此外，还描绘了巨大方尖碑被拖运至尼罗河的场景。

女神哈托尔是底比斯山脉敬拜的神祇，在这里有供奉哈托尔的小教堂，还有图特摩斯三世的一个神庙。

法老和贵族的陵墓

沿着底比斯山脉悬崖下面的山坡延伸，有希克索斯时期底比斯统治者的墓葬，附近还有贵族墓葬群。整个墓葬群有数百座墓葬。如果乔装打扮成埃及人，谨言慎行，别露馅儿，就可以蒙混过关进入墓葬群稍作参观。这些墓葬大小不一，基本上都有一个小小庭院。有些墓葬入口有门廊，这些门廊类似于带飞檐的塔门，通向一个或多个经过粉刷和装饰的房间。墙上的壁画描绘了供奉给死者的祭品、想象中的来世美好生活的场景，以及为墓主人歌功颂德或记述其生前重要事件的自传体铭文。不用担心会遇到木乃伊，所有木乃伊都被埋葬在竖井和地下井道房间。若到处转悠，可能会看到一些正在建造的坟墓：雕刻师在石灰岩基岩上雕凿墓室，建筑工人在建造泥砖庭院和小教堂的上部结构，或者艺术家在粉刷或装饰墙壁。涂上灰泥并涂成白色后，普普通通的泥砖立马"脱胎换骨"。

尽管底比斯墓葬群的守护者可能不会正式承认，但上代和现在的法老陵墓就坐落在悬崖另一边，一片荒无人烟的"秘密"峡谷，也即所谓的"帝王谷"，埃及人称之为"伟大之地"。帝王谷始于法老图特摩斯一世。前任法老的陵寝大都难逃盗墓者的洗劫乃至毁坏，即便雄浑牢固的金字塔也不例外。图特摩斯有感于此，便将自己的陵墓建在底比斯山西麓隐蔽的断崖下。后世埃及统治者纷纷效仿，沿用这种方式构筑自己的岩穴陵墓。当然，宗教异端法老阿肯那顿是个例外。新的陵墓位置优越，依托金字塔形山脉，也许象征性地代表了下面所有帝王陵墓的金字塔上部结构。陵墓是由石灰岩峭壁凿筑而成的，其颜色会随着日照变化而变化，这是神王们穿越永恒的宁静居所。

据说，这些皇家陵墓是直接从石灰岩壁上开凿陡峭的隧道作为墓穴，并刻有神秘的埃及亡灵书，以引导国王穿越冥界。这些陵墓建造时间长达数年，有些甚至在法老大限到来之际，陵墓还未完工。与法老木乃伊一起埋葬的还有大量珍贵陪葬品，包括镀金棺材、家具甚至战车，以及华丽的衣服和精美的珠宝。但是有传言说，其中一些陵墓的入口已被盗墓贼破坏。尽管安全方面存在个别隐患，但在当时，帝王谷戒备森严，由麦德察战士严加守护。帝王谷的"秘密"已然天下皆知，但最好不要随便打听这些事情。当然，更不能随意闯入帝王谷。

皇家墓园附近是一个与世隔绝的工匠村，其工作是雕刻和装饰皇家陵墓。该村庄得到国家的支持，并提供了悬崖上干旱地区居民生活所需的一切。那里的食物甚至水都要从外面运进来。群山之中，有一条羊肠小道，从村庄通向墓地。传言说，目前的项目是建造一座巨大的陵墓，用来埋葬拉美西斯二世的儿子们。在修建法老陵墓的间隙,一些村民发挥他们的才华,在底比斯边界内的山坡上建造自己的最终安息地。你可能心念一动,想要寻访这个村庄,但是由于某种原因,村庄一直处于相对隔绝的状态,并且其出入口有人看守。当然,若带上一坛好酒,说话客气一些,也许就能撬开看守的嘴,自然也能打开通往村庄的门。

在工匠村的南部,还有一座皇家墓园,同样不对外开放。这座墓园被称为"美人之地",主要是埋葬统治者的王后和眷属,包括现在法老的王后纳菲尔塔莉。据说她的陵墓极为宏大,墙壁装饰之精美,堪称古埃及壁画之翘楚。遗憾的是,埃及最优秀的艺术家和工匠的一些最杰出的作品被封上了,用于满足死者的私欲。也许在未来,几千年后,这些宝藏将出土面世,给后人带来惊叹和启发。

九 南部景点

底比斯上游·苏努和阿布·努比亚·探访努比亚·大惊喜·纪念品·回家

对于某些旅行者来说，底比斯可能是个终极胜地。参观完底比斯，就得偿所愿，准备打道回府。至此，你可能满脑子都是神庙、宫殿、丧葬墓地、拉美西斯雕像和偶尔的愤懑不平。参观了卡纳克神庙等名胜古迹之后，很难相信埃及还有什么地方值得驻足。事实未必如此。沿着古埃及的黑土地继续向前约 160 公里，便到达了苏努（阿斯旺）城附近尼罗河第一大瀑布处的南部天然疆界。古埃及的影响力并不止于疆界，而是继续向南延伸至努比亚。也许你已收拾好行装，行囊里装满了纪念品，脑海里装满了回忆，准备踏上归国的旅程。且慢，底比斯以南还有一些伟大的名胜静候旅人的到来。若是错过，终将遗憾。

底比斯上游

底比斯以南约 12 公里处，尼罗河西岸静静矗立着艾尔曼特（古埃及语为 Luny）古城。这座古城崇拜战神蒙图（Montu），在东岸往南几英里处还有另一个供奉蒙图的古埃及定居点：陶德遗址（古埃及语为 Djerty），与艾尔曼特遗址隔岸相对。考虑到埃及帝国创立以来长期的持续军事行动，大底比斯地区对蒙图的狂热崇拜无可厚非。在艾尔曼特神庙遗址，供奉的不仅有蒙图，还有他的两位配偶 Iunit 和 Tjenenyet。美眷如云，才配得上战神之名。继续向上游前行，可以看到埃斯纳（古埃及语为 Seni）神庙，这里供奉库努姆神（Khnum），还有他的两位配偶尼布图（Nbtu）和梅希特（Mehit），以及库努姆神的后人、魔法与医药神赫卡（Heka）。

继续往前走，可以看到两个非常有魅力的古城：希拉康波利斯（古埃及语为 Nekhen）和埃尔卡布（古埃及语为 Nekheb）。两者隔河相望。西岸的希拉康波利斯曾经鼎盛一时，在埃及文明的第一时期（前王朝时期），它是上埃及的主要权力中心。埃及帝国的现代观念可能就是在这里发展起来的：荷鲁斯是当地的主神，难怪未来的"两界"之主法老会被描绘成荷鲁斯的人界化身。希拉康波利斯仍有一座荷鲁斯神庙。实际上，我们现在所处的地区可被视为上埃及的"荷鲁斯国家"，除了荷鲁斯神庙，这个曾经伟大的权力之城早已光华褪尽，荒凉黯淡，没有什么可看之处。早在一千年前，其风头就被孟斐斯和底比斯压了下去，逐渐退出了历史的中心舞台。

尼罗河东侧是埃尔卡布（El-Kab）古城。历览古城，可以真切感受到这个地区为何曾经是上埃及早期政治中心。当地的主神是秃鹫女神奈库贝特（Nekhbet）。她是上埃及的象征，国王的王名和王室的头饰都会出现秃鹫女神。你猜得没错，这里有一座供奉奈库贝特的伟大神庙。还有一些奢华的陵墓，里面埋葬着当地统治者和一些公卿官宦。大约六百年前的第十二王朝时期，埃及其他地区地方政权逐渐衰落，但埃尔卡布的统治者仍然权重望崇。反希克索斯人统治战争中的许多重要官员都来自这个极度独立的地区。

西岸再往南是伊德夫（古埃及语为 Djebat）城，这座古城是古埃及的制糖和陶器中心。伊德夫神庙同样供奉荷鲁斯。阿斯旺往前约 65 公里处，尼罗河经过克赫尼（Kheny，意为"划船之地"）古城时明显收窄。此处尼罗河水流湍急，到处都是巨大的漩涡，行船艰难，极为危险。这里有大量的砂岩采石场，还有一个精美的小教堂，由法老霍伦海布下令直接在岩石上开凿而成，供奉着包括霍伦海布本人在内的七位神祇。

苏努和阿布

旅程的最后一站是尼罗河东岸的苏努（阿斯旺）。苏努（Sunu）在埃及语中意为"市场"，这个名称恰如其分。这里是已知的、稳定的埃及世界和奇异的、略动荡的南部的交会点。苏努古城规模较小，相对来说，阿布（Abu）更为繁华。阿布古城坐落于尼罗河中的一个大石岛。Abu 字面意思为"大象"或者"象牙"。尽管数千年来这里都没有见到过活的大象，但这个城名直观反映了南部地区象牙贸易的繁盛，而阿布正是象牙贸易的中心。阿布是首府城市，当地崇拜库纳姆神、他的配偶瀑布女神萨泰特（Satet）以及他们的女儿水神安穆凯（Anuket）。附近分别有供奉三位神祇的庙宇。多个世纪以来，阿斯旺和阿

象　牙

埃及人高度重视象牙，认为它是一种精美的易加工材料，可用于装饰各种器物。古埃及人使用的动物牙齿主要是河马和大象这两种动物的长牙。在尼罗河流域，河马司空见惯，但是备受追捧的象牙则要从努比亚进口。叙利亚曾经有一群大象，但在图特摩斯三世等法老的驰援下，叙利亚的大象被猎杀殆尽，就此灭绝。图特摩斯三世甚至吹嘘自己杀死了一百二十头大象。象牙并不常见，而且价格昂贵。有时候，一些工匠用别的动物长骨代替象牙。

布一直是国外商旅的落脚点。商队来来往往，船上装满了琳琅满目的货物，运往下游目的地。这座小小的古城熙熙攘攘，一片繁华盛景。

苏努周边地区盛产花岗岩，品相质地上乘，冠绝埃及。从金字塔时期开始，这里就有花岗岩采石场，至今仍有人在开采。古埃及采石纯属手工作业，只能用石锤将大块花岗岩从基岩中砸出来，这是真正的苦力活。拉美西斯二世尤其热衷建造各种建筑，需要大量的巨石。在阿斯旺，可以看到大型驳船停泊在河岸边，等待装载沉重的花岗岩。如果对土木工程感兴趣，肯定想去看看阿斯旺的著名采石场。无论是打石还是抬石，都是高风险操作。看着石工们在采石场忙碌固然饶有兴味，但是千万别凑太近，不然放下或挪动巨石时，你一不小心就会被压扁。一定要看看著名的巨型方尖碑。方尖碑渐已成形，正要被搬移出采石场，有人发现花岗岩有裂缝，功亏一篑，白忙一场，只能被迫放弃。如果这块花岗岩没有出现瑕疵，其尺寸将是整个埃及最大方尖碑的两倍。

努比亚

埃及南部疆界之外的尼罗河沿岸地区，被称为努比亚。尼罗河上游的这个地方，河水分流，乱石惊涛，急湍甚箭，猛浪若奔。这种湍流或者"瀑布"，船只几乎无法通行。当时埃及南部，有不少敌对势力对埃及暗自觊觎，伺机而动。尼罗河"瀑布"形成一道天然疆界屏障，保护埃及人免受敌人侵犯戕害。从阿斯旺上游到第二瀑布的区域称为下努比亚，之外的区域称为上努比亚。多年来，这个地区一直是瓦瓦特人（Wawat）、亚姆人（Yam）、伊尔杰特人（Irtjet）、麦德察人（Medjay）和内赫苏人（Nehesiu）的家园。埃及人通常将努比亚统称为"卑鄙"或"可恶"的库施（Kush），从中可以看出努比亚和埃及的紧张关系。

跳舞的俾格米人

从努比亚运来的商品不仅仅是植物、动物和矿物材料。古埃及古王国第六王朝官员哈尔胡夫（Harkhuf）记录了一个故事，讲述了从非洲南部内地"神灵之地"带回了一个会舞蹈的小黑人（俾格米人）。第六王朝国王佩比二世（涅菲尔卡勒）十分高兴，给他写了封信。信中写道：

立刻就北上回到宫廷吧！你必须把来自神灵之地的矮人活着带来，一定要使他健全、安好、毫发无损，让他在神的面前舞蹈，带给上下埃及之王、万古长存的涅菲尔卡勒喜乐和欢愉。他跟你上船后，你要指派谨慎可靠的人环立在他身旁，严加看护，以免他落入水中。他晚上睡觉时，你要指派谨慎可靠的人，与他同睡在帐篷里，每晚查看十次，千万莫出意外。因为比起西奈和蓬特的礼物，朕更希望看到这个小黑人。

哈尔胡夫的冒险所获颇丰，自此深受法老恩宠。

尼罗河瀑布是埃及南部天然疆界屏障

  对埃及人来说，努比亚堪称宝地，这个地区有埃及人稀缺或青睐的物品，包括象牙、奇树异木、动物皮毛、牛，当然还有黄金。努比亚（Nubia）这个地名很可能与古埃及语中的"noob"（黄金）一词有关。哈尔胡夫是金字塔时期的上埃及南部总督。他记载了对努比亚贸易远征途中发现的一些奇珍异宝："我带着300头驴满载而归，商驴驮着香料、乌檀木、油、谷物、黑豹皮、象牙、掷棍和各种好东西"，还有牛和山羊。

  纵观整个古埃及史，埃及与库施的关系时好时坏。目前，局势相对和平，双方有贸易往来，有大量埃及人在库施经商。然而，在希克索斯时期，埃及陷入长时间内战，军队消耗严重。库施人利用了埃及的军事弱点，向其南部边境挺进。

  同一时期，底比斯的一位统治者卡摩斯（Kamose，埃及第十七王朝国王）入侵库施。下努比亚和上努比亚都有许多埃及堡垒和一些定居点，其历史可以追溯到这一时期。

库施王国的首都是一个名为科尔玛（Kerma）的城市，位于尼罗河第三瀑布的上游，在苏努以南约 680 公里处。埃及第十八王朝一些法老军事才干卓著，征服了库施，埃及人不同程度地控制着该地区。通常，努比亚归库施总督管治。库施总督由法老任命，并被授予"南方长官"的头衔。这位大权在握的官员自行设立独立的官僚机构，并得到努比亚通敌者的协助，里应外合。其中一些通敌者首先被送往埃及进行文化洗脑。

探访努比亚

说实话，离开苏努和阿布，前往别的地方冒险，是非常危险的。绕过尼罗河瀑布的商队路线通常比较艰辛。可能会遇到形形色色的人，包括士兵、商人和金矿开采者，他们并不擅长跟"旅人"打交道，很容易发生冲突。此外，一路上会遇到埃及人设置的要塞。作为外国人，想要突破重重关卡，绝非易事。最终很可能得从南部疆界重新进入埃及。与最初从北方进入尼罗河谷不同，别指望在南部边境有什么专业翻译。除了埃及语或努比亚语，当地人并不熟悉别的任何语言。士兵们也会对你严加盘问，毕竟，他们很少看到游客从南部进入埃及。

但是，如果在南方逗留，会发现一些值得细看的东西：一些神庙和神殿，一些活跃的定居点，以及由埃及人和麦德察人把守的大量要塞。当然，也可以参加商队（一般来说需要自己去找驴子），或搭上一条船，在第一瀑布和第二瀑布之间的长河上巡航

拉美西斯二世在努比亚一座砂岩山上直接凿刻的精美神庙堪称建筑杰作，这是一首岩石构筑的赞美诗，献给已故的王后纳菲尔塔莉

参观。不建议经过戒备森严的第二瀑布，这无关紧要，不妨掉头前往苏努以南约320公里的梅哈，那里有拉美西斯二世建造的宏伟建筑。

　　拉美西斯二世在努比亚建造的七个神庙，都位于尼罗河西岸，在苏努以南几十英里处；还有一座神庙在30公里之外。继续向前走约96公里，将到达东岸的要塞巴基（Baki）。可在巴基找到补给物资，但当地人并不友善。约40公里以外有阿蒙霍特普三世为阿蒙建造的一些神庙，此外，拉美西斯二世也在此为太阳神拉神和阿蒙拉神建造了一些神庙，后者配有狮身人面石像衬砌的通道和一个塔门入口。到达下努比亚首府米亚姆（阿尼巴）时，埃及官僚和士兵的热情款待会使你深感慰藉，暂时忘却旅途的艰辛和惆怅的乡愁。若感觉身心疲惫，不妨在米亚姆稍作休整，然后精神焕发，重新上路。努比亚最著名、最恢宏的遗迹就在上游，默默守候你的到来。乘船慢慢靠近，好好感受历史的厚重和荣光。

大惊喜

前往努比亚的旅程中，付出总有回报。赶紧振奋精神，前往参观第二瀑布以北的梅哈地区，这里有埃及最壮观的建筑群之一。拉美西斯二世沿着尼罗河西岸建造了两座巨大的神庙。与其说是"建造"，不如说是"开凿"：这两座神庙是直接在砂岩峭壁上雕凿出来的。梅哈地理位置极其偏僻，开凿如此规模宏大和外观精美的神庙，简直不可思议。这两座神庙气势巍峨雄壮，绝不仅仅是为了震慑经过此地的少数埃及人。显然，拉美西斯二世的神庙彰显了法老的鸿鹄之志。他想借助这两座坚不可摧、永世流传的神庙向努比亚人展示埃及帝国的力量和拉美西斯本人的力量。

较大的一座神庙，正面是四座巨大的拉美西斯坐像，雕像高度约 20 米。即使站在某个脚趾旁边，你也会觉得自己非常渺小。约二十五年前的一次大地震中，最南端的雕像头部震摔下来，对神庙造成了严重破坏。许多石柱和雕像断裂，神庙正面的整个上半部也受损严重。拉美西斯的头被震得粉碎，后来对其进行了大量修复。

这座寺庙的外观像一座塔门，一条狒狒雕带横跨峭壁的上表面，迎着耀眼的太阳。门廊上方是一座巨大的鹰首太阳神拉神跨步雕像，头顶上还戴着一个红色日盘。如果仔细看一下雕刻作品，会发现太阳神拉神和他手中握有的象形符号——user（强大）和 maat（正义）——巧妙地结合在一起，形成了拉美西斯二世王名的象形文字：Usermaatre（"拉神的正义是强大的"）。

在内部，神庙一直延伸到山腰，入口附近的柱廊大厅内有巨大的站立的人像，将拉美西斯描绘成了奥西里斯。内墙装饰得华彩瑰丽，展现了法老最强大的一面，包括庆祝他在卡迭石战役中"凯旋"的场景。在寺庙最远端的房间中，有四座坐姿雕像，分别代表卜塔、阿蒙拉、太阳神拉神和拉美西斯本人。设计这座建筑杰作的工程师堪称绝顶天才。神庙有个近乎奇迹的现象。每年的 2 月 21 日和 10 月 21 日（拉美西斯二世的登基日和出生日），神庙与太阳仿佛达成了某种默契，到日出时分，阳光会从神庙的大门长驱直入，穿过大厅，直射圣坛上的神像。

神庙所处之地安宁静谧，风光旖旎，一面是尼罗河的蔚蓝河水，一面是荒芜的沙漠，两者形成了鲜明对比。宏伟的拉美西斯二世神庙旁边，还有一座从砂岩山直接开凿的神庙，规模虽小，但精致绝伦。这座神庙供奉他最宠爱的妻子纳菲尔塔莉和女神哈托尔。外部有六尊巨大的立像，其中四尊是拉美西斯二世，两尊是纳菲尔塔莉，每尊雕像高约 10 米。如果小声询问，也许可以找到一位祭司，他可以快速地带你看一下寺庙内部，当然，时间虽短，但要价却不菲。即便无法入内，也大可不必懊恼。其壮丽的外观和对比强烈的自然环境仍然会令人永生难忘。

继续向南走还会发现一些埃及的要塞和定居点，但比起拉美西斯二世的神庙，简直是小巫见大巫，没多少看头。是时候回归现实了。回到埃及，启程回家，结束这场梦幻般的旅行。

纪念品

无论怎么安排行程，离开埃及的时候，你脑海里都一定会装着一大堆故事和满满的回忆。当然，这些故事讲出来未必有人相信。也许应该带上一些有实际意义的"信物"，才真正谈得上不虚此行。几个月前，你冒险踏上这段不可思议的旅程时，亲朋好友都盼着你平安归来。你回到家后，他们又是另一番心情，急不可耐地想看看你从那个奇幻之地带回了什么好玩的东西。下面是购买纪念品的一些建议：

纺织品　埃及亚麻布是当地特产，质地细腻，夏天非常凉爽。也许将亚麻布制成服装不是什么好主意，毕竟在家里穿着埃及服装晃来晃去，显得又怪异又憨傻。最好还是买些条布或面料，做成比较迎合自身文化和功能的东西。也可以购买亚麻头饰或精美的埃及假发，聚会时左邻右舍或者孩子们肯定会笑逐颜开、爱不释手。

纸　用纸莎草的茎制成的纸是尼罗河三角洲地带的独有产品。一卷莎草纸售价2德本左右。问问当地的书法家或画家，看看他们是否愿意在纸上题写或描画具有埃及本土特色的东西，比如鹭飞船行的尼罗河美景。可能需要找另一个书法家核实一下，确保前面那位书法家没有写"埃及人乃神之后裔""滚蛋吧，可恶的外国佬"，或者"我去了趟埃及，带回来的只有一张纸"之类的恼人文字。

护身符　护身符有数十种，颜色、尺寸、材料和用途也各有区别。较便宜的护身符是用彩陶制成的。这种陶瓷材料极为精美，通常是蓝色或绿色。也有一些比较昂贵的材料，例如黄金或宝石。问问护身符摊贩，看看是否有时尚的安卡十字架（ankh，象征生命）、安定制符节德柱（djed pillar，圣甲虫），或庇护之符乌加特（udjat，荷鲁斯之眼）。对于有昆虫恐惧症的特殊朋友来说，可以购买一个制作精良的苍蝇护身符，戴上之后，百虫莫近，甚至可提高生育能力。

珠宝　如果你在旅途中把大部分金属首饰换成了日常用品，则可以考虑购买一些便宜的珠制品，比如项链或手链。如果钱不是问题，可以找金匠买一些宝石或金属制成的精美物品，也可以定制，直接戴在身上，欢愉而归。

玩偶　那些在埃及小姑娘中大受欢迎的扁平桨形娃娃，"头"上长着头发，是一种有趣的民族纪念品。但是，埃及男孩子可能更喜欢玩球类游戏。

猴子　买不到，也带不走，打消这念头。

木枕或石枕　很新奇，也很沉重，如果带回家，估计只能用作门挡。

回　家

如果没有羁留在采石场做苦工，或者被鳄鱼活活吃掉，那就赶紧启程回家。乘船返回是从北向南顺流而下，而不是逆流而上，速度快很多。你会经过一些熟悉的地方，甚至可能选择故地重游，再次参观某些遗迹景点。最终，你会回到尼罗河三角洲，路过或穿过拉美西斯城。并且，如果你从陆路出发的话，将前往东部边境要塞。如果你骑着驴来到埃及，然后将其丢弃或卖掉了，那就得重新买头驴子，驮运行李和各种纪念品。

你会发现，离开埃及比进入埃及顺利简便多了。士兵可能会随便找个借口检查你的行李，然后把你送出边境。别指望边境工作人员会跟你真诚道别，也别指望边境检查站大门上写着"欢迎再次来埃及旅行"之类的标语。对于普通的埃及老百姓，他们根本不在乎你去过埃及哪些地方，也不在乎你会不会再来埃及。如果你在旅途中结交了一些新朋友，至少你给外人留下了一个好印象，可能会让那些追随你的人受益。

埃及之旅结束后，很难立即回到以前的状态，你可能需要进行一些身心调整。你可能满脑子都萦绕着啤酒、美食、宗教节日和聚会。如果来自干旱地区，你可能会想念开阔的尼罗河，河堤绿草如茵，沃野一望无垠。如果你来自繁华的都市，那你见过无数崔巍雄壮的埃及古迹之后，你可能会发现城市建筑千篇一律，单调乏味，毫无创造力。如果你正在学习一种陌生的语言，塑造文化和精神世界观，你还会想念深邃苍茫的古埃及遗迹给你带来的智力启发。

不管是好是坏，埃及总会在你身上留下印记，也许是欢快的怀疑，也许是诡谲的梦境，也许是两者兼而有之。如果某一天，你忽有所感，心念一动，想重返埃及旅行，埃及也会敞开怀抱欢迎你回归。照进拉美西斯神庙的阳光同样也会照进你的身体，抚慰你的孤独，扫除你的疲惫。

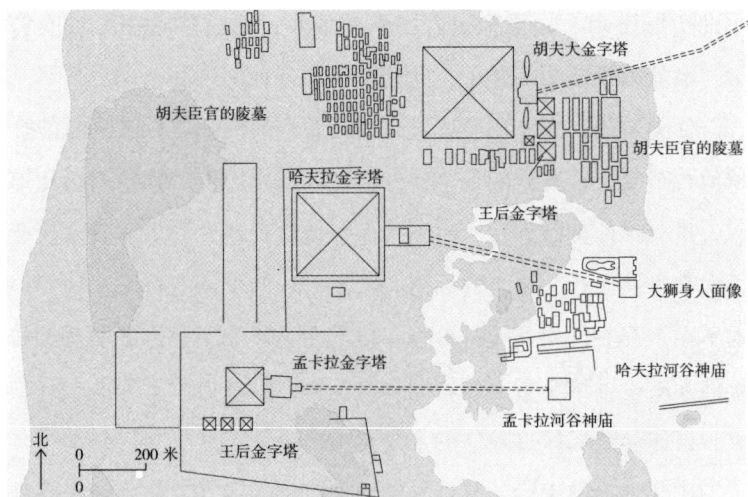

吉萨高地

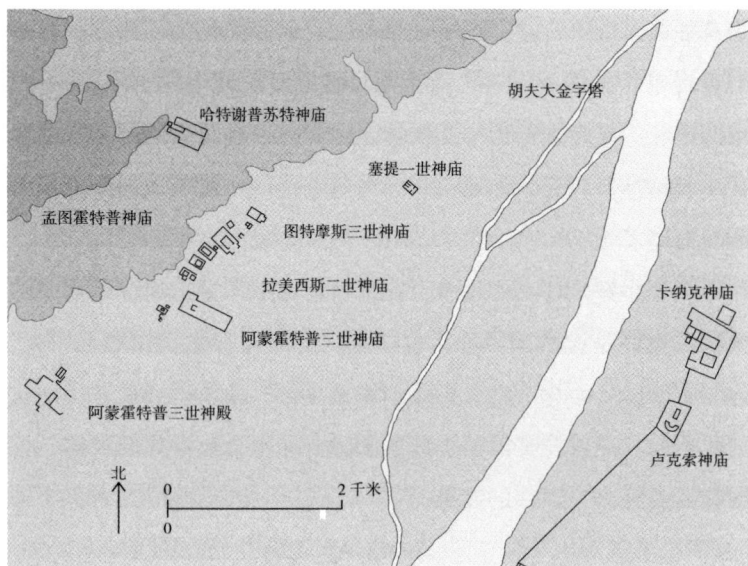

瓦塞特（底比斯）

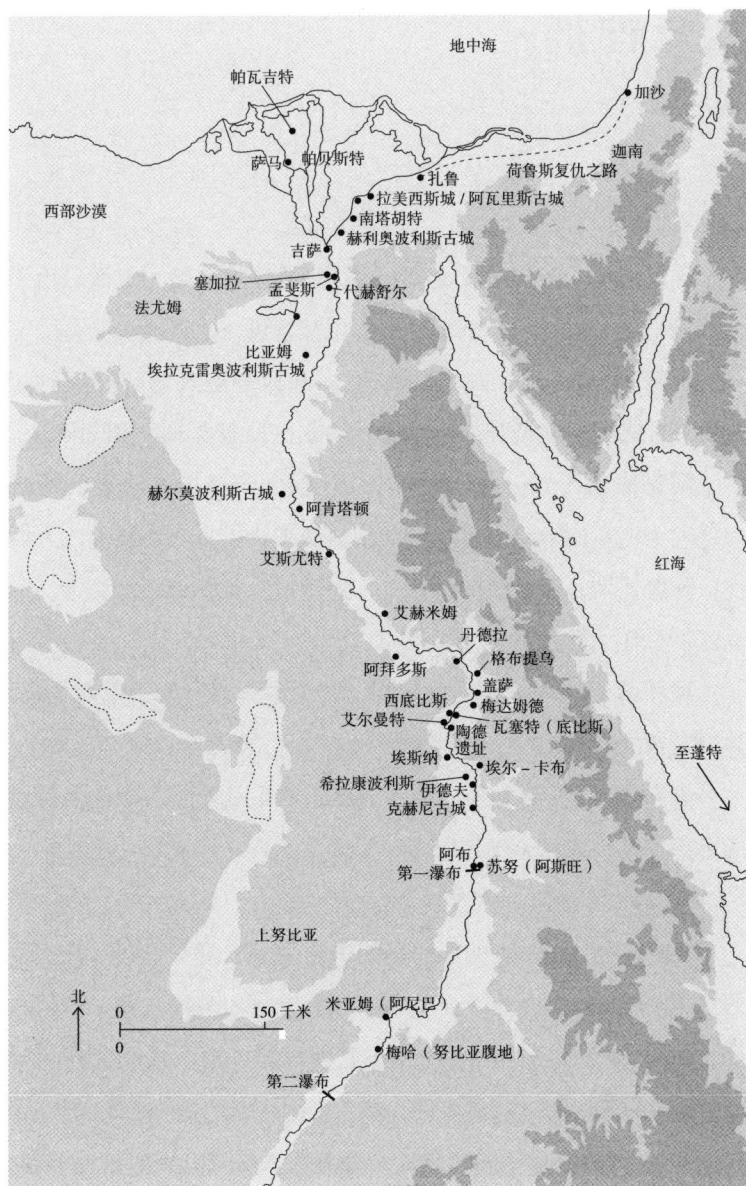

地中海

帕瓦吉特

加沙

萨马 帕贝斯特

扎鲁

迦南
荷鲁斯复仇之路

西部沙漠

拉美西斯城／阿瓦里斯古城
南塔胡特
赫利奥波利斯古城

吉萨

塞加拉 孟斐斯

代赫舒尔

法尤姆

比亚姆
埃拉克雷奥波利斯古城

赫尔莫波利斯古城 阿肯塔顿

红海

艾斯尤特

艾赫米姆

丹德拉

阿拜多斯 格布提乌
盖萨
西底比斯 梅达姆德
艾尔曼特 瓦塞特（底比斯）
陶德
遗址
埃斯纳 埃尔–卡布
希拉康波利斯 伊德夫
克赫尼古城

至蓬特

阿布
第一瀑布 苏努（阿斯旺）

上努比亚

北

0   150 千米
0

米亚姆（阿尼巴）

梅哈（努比亚腹地）

第二瀑布

尼罗河流域

埃及神祇

埃及神祇众多，纷乱复杂。为了使你厘清头绪，下面列出了一些较为著名的埃及神祇，并对每位神祇进行了简要说明：

阿蒙（Amun）意为"隐藏者"，和拉神融合为"阿蒙拉"，成为众神之王。阿蒙神的形象通常隐藏在神庙内部的神殿内。

阿努比斯（Anubis）是亡者与坟墓守护神，在法老的壁画中，阿努比斯的形象被描绘成胡狼或胡狼头人身。在埃及，人们虔信阿努比斯，但活着的时候并不想跟这位神祇打太多交道，毕竟这不是什么好兆头。

阿图姆（Atum）是创世之神，传说阿图姆诞生于原始之丘，被视为黄昏的太阳。

盖布（Geb）是大地之神，表示植物生长繁茂的地面。盖布的形象为鹅头人身，他产下蛋，形成了太阳。因此，他也被称为"大鹅"。

哈托尔（Hathor）的形象是奶牛、牛头人身女子或长有牛耳的女子。哈托尔是爱与美的女神、富裕之神、舞蹈之神、音乐之神、酒神和夜空之神。哈托尔还有邪恶的一面，可能会凶相毕露，施暴杀戮。

荷鲁斯（Horus）的形象通常为鹰头人身或带翼的红色日盘。法老活着的时候，就是奥西里斯之子荷鲁斯，掌管人间秩序。法老死后，就成了奥西里斯，新的法老成为荷鲁斯。

伊西斯（Isis）意为"王座"，是生命、魔法、婚姻和生育女神，被看作是法老的母亲。在埃及神话中，奥西里斯被赛特杀害并肢解后，奥西里斯的妻子伊西斯收集散落在大地上的遗骸，应用魔法让他重新复生。

孔苏（Khonsu）是阿蒙拉和姆特的儿子，与父母并称三柱神。古埃及神话中的第一代月神。月神保护人们不受野生动物侵袭并协助治愈。

玛特（Maat）是真理与正义女神，太阳神拉的女儿。其象征物为鸵鸟羽毛或头上有一根大羽毛的人形。保持"真理之羽"玛特在宇宙中的稳定是法老的首要使命。

敏神（Min）是男性生育神。没有明显特征，但在神庙中有他的形象，也是沙漠旅行者的守护神。

蒙图（Montu）是古埃及底比斯地方的战神，形象为鹰首人身，头戴王冠，饰有羽毛和日盘。

姆特（Mut）是阿蒙拉神的妻子。阿蒙拉神被称为"众神之王"，姆特自然也就被称为"众神之王后"。

奈斯（Neith）是狩猎和战争女神，也是编织守护神。一些记载中，她是鳄鱼神索贝克的母亲。

奈芙蒂斯（Nephthys）是死者守护神，伊西斯的妹妹，赛特的妻子。在神话中，赛特嫉妒哥哥奥西里斯的权力和荣耀，施计将其害死。奈芙蒂斯帮姐姐伊西斯找到奥西里斯的尸体并使其复活。

努特（Nut）是天空女神、众星辰之母。努特和盖布结合生下了天上群星，努特每天把孩子们吞进肚子，又吐出来。白天星星被努特吞进肚子，夜晚则趴在母亲身上闪耀。

奥西里斯（Osiris）是冥界的主宰和死亡判官。奥西里斯的形象通常为手持曲柄杖和连枷的木乃伊，皮肤呈绿色或黑色，象征着生育和复活。

卜塔（Ptah）是古埃及孟斐斯地区所信仰的造物神，而后演变成工匠与艺术家的保护者。有时与墓地守护神索卡尔神混为一谈。卜塔神的形象通常为戴蓝色帽子的人形，身体被木乃伊包布绑缚。

拉神（Ra）是赫里奥波里斯九柱神之首。拉神的形象多种多样。最常见的形象为鹰首人身的太阳神拉神（Ra-Harakhty），头顶上有一个日盘及一条盘曲在日盘上的蛇。

赛特（Seth）堪称邪恶之神，用计杀死了自己的哥哥奥西里斯。赛特的形象通常为犲头人身，长有长方形的耳朵和弯曲凸出的长嘴。有趣的是，拉美西斯二世的父亲塞提一世与赛特颇有渊源。他的出生名为塞提·梅里安普塔，意为"他来自赛特神"。

托特（Thoth）是数学和医药之神，也是月亮之神，埃及象形文字的发明者，众神的文书。托特的形象通常为狒狒或鹮头人身。

作者按语

本书设定的背景是公元前1250年，拉美西斯二世统治埃及的第五十四个年头。拉美西斯二世在位约67年（公元前1304—前1237年）。当时的埃及国力强盛，拉美西斯二世进行了一系列的远征，触角伸向了埃及之外的世界版图，因此，以这个时代的视角进行讲述和参观，颇有意趣，也颇有意义。这部著作中引用的大部分文献都是按年代顺序排列的，但值得注意的是，古希腊历史学家希罗多德的文献是个例外。希罗多德曾在公元前450年游览埃及，至今仍有无数现代埃及学者查阅和引用他的著作。

感谢杰出的学者、我的好友埃德蒙·梅尔策（Edmund Meltzer），以及艾丹·多德森（Aidan Dodson），在笔者撰写拙著时他们在埃及考古学和历史学方面提供了大量建议。还要感谢科林·里德勒（Colin Riddler）和 Thames & Hudson 出版社的所有工作人员，正是由于他们的辛勤付出，才有了这套精彩的时间旅行丛书。

谨以本书献给我非常欣赏的一些旅行者：雪莉·瑞安（Sherry Ryan）、帕特里夏·阿姆斯特朗（Patricia Armstrong）、简·海斯（Jane Hayes）、多萝西·谢尔顿（Dorothy Shelton）、路易斯·施瓦茨（Lois Schwarts）和芭芭拉·梅尔茨（Barbara Mertz）。

插图出处

Art Archive/Bibliothèque des Arts Décoratifs, Paris 83; from Prisse d'Avennes, *Atlas de l'histoire de l'art égyptien*, Paris, 1868-78 9a, 12, 21a, 33, ,38, 68, 98a, 99, 103, 127, 129; Staatliche Museen zu Berlin 105; British Library, London 78; British Museum, London 62; from E. A. Wallis Budge, *Gods of Ancient Egypt*, London, 1904 25, 27; from J.F Champollion, *Monuments de l'Égypte et de la Nubie*, 1835 8; Franz-Marc Frei/Corbis 49; Gianni Dagli Orti/Corbis 52, 53b; Sandro Vannini/Corbis 53a, 54-55; from N. Davies & A. Gardiner, *Ancient Egyptian Paintings*, 1936 31; from N. de Garies Davies, *Mastaba of Ptahhatep and Akhethetep at Saqqareh*, London, 1900 37; from N. de Garies Davies, *Tomb of Nakht*, London, 1917 18; from *Description de l'Égypte*, Paris, 1809-28 2, 36, 42, 47, 56, 73, 75, 98b, 101, 112, 119; from A. Erman, *Life in Ancient Egypt*, London, 1894 9b, 13, 19, 20b, 21b, 40, 61, 66, 67, 82, 85, 98, 109; De Agostini Picture Library/Getty Images 90-91, 96; after H. Gressman, *Altorientalische Bilder zum Alten Testament*, Berlin, 1927 15; after Lepsius, *Denkmaler aus Aegypten*, 1849 121; after P. Newberry, *Beni Hassan*, 29; Metropolitan Museum of Art, New York 20a, 50-51; H.M. Herget/National Geographic Stock 92-93; Robert W. Nicholson/National Geographic Stock 94-95; Musée du Louvre, Paris 89; P.P. Pratt 106